LA STRUCTURE DE Clicmaths

2e cycle
du primaire

W9-AWP-885

Ce manuel de l'élève contient les étapes 3 et 4.

On y trouve les éléments suivants :

• des situations d'apprentissage ;
• un Labo du hasard ;
• des situations de réinvestissement des connaissances
  à la fin de l'étape 4.

Le manuel se termine avec la rubrique Le savais-tu ?

LES SITUATIONS D'APPRENTISSAGE

Chaque situation d'apprentissage est répartie sur 10 pages
et dure environ 7 périodes de mathématique.

1er temps : la préparation des apprentissages

L'élève se trouve tout de suite en situation de résolution de problème. Le premier temps
de la résolution du problème est une période de préparation. L'élève fait un retour sur
ses acquis et essaie de trouver des stratégies de résolution. Il ou elle se questionne sur
les nouvelles notions à explorer. L'élève fait aussi des liens avec les domaines de formation.

2e temps : la réalisation des apprentissages

La situation-problème

Le deuxième temps consiste pour l'élève à résoudre le problème qui
lui est présenté. L'enseignante ou l'enseignant dispose d'une série de
questions pouvant guider l'élève dans sa recherche de la solution.

Les activités

Généralement au nombre de trois, ces activités favorisent
le développement de concepts liés à la résolution de la situation-
problème. La manipulation et le travail d'équipe y sont habituellement
encouragés. La section Je m'exerce qui suit chaque activité permet
à l'élève d'appliquer immédiatement les nouveaux concepts ou
processus mathématiques à acquérir.

Je m'entraîne

De nombreux exercices d'entraînement soutiennent l'élève dans
le développement de ses raisonnements mathématiques. Certains exercices
et problèmes sont essentiels, d'autres sont proposés en consolidation.
De plus, des fiches reproductibles pour le soutien, la consolidation et
l'enrichissement sont offertes dans le Guide d'enseignement.

Essentiel   En consolidation

3e temps: l'intégration et le réinvestissement des apprentissages

Je suis capable

L'élève résout un autre problème, en appliquant à la situation proposée les concepts mathématiques étudiés.

Clic

Cette rubrique résume le contenu mathématique ou définit le vocabulaire utilisé dans la situation.

Dans ma vie

En observant une illustration, l'élève s'interroge sur la façon dont il ou elle réinvestit, dans la vie de tous les jours, les compétences développées. La rubrique favorise les échanges d'opinions entre pairs de même qu'entre les élèves et l'enseignante ou l'enseignant.

LE LABO DU HASARD (ÉTAPE 3)

Réparti sur six pages et environ trois périodes de mathématique, Le labo du hasard de l'étape 3 amène l'élève à expérimenter des activités liées au hasard et à développer son sens critique vis-à-vis du jeu.

L'ÉTAPE 4

Les situations 26 à 29 de l'étape 4 présentent une structure différente. Elles sont constituées de situations-problèmes variées qui amèneront l'élève à réinvestir des connaissances acquises tout le long de l'année scolaire.

LE SAVAIS-TU ?

L'élève prend connaissance d'un peu d'histoire ou d'aspects étonnants de la mathématique.

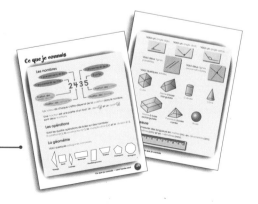

CE QUE JE CONNAIS

L'élève peut se référer à ce résumé des connaissances mathématiques acquises auparavant.

MANUEL DE L'ÉLÈVE **3**
VOLUME B

2e cycle
du primaire

Clicmaths

MATHÉMATIQUES AU PRIMAIRE

Sylvio Guay
Steeve Lemay

ÉCOLE SAINT-PATRICE

* * * *

Éditions Grand Duc
Groupe Éducalivres inc.
955, rue Bergar, Laval (Québec) H7L 4Z6
Téléphone: 514 334-8466 ▪ Télécopie: 514 334-8387
InfoService: 1 800 567-3671

Remerciements

Pour son travail de vérification scientifique de la didactique et du contenu mathématique, l'Éditeur témoigne sa gratitude à M. Jean-Marie Labrie, Ph. D., ex-professeur à la Faculté d'éducation de l'Université de Sherbrooke.

Pour sa participation et son soutien de tous les instants, l'Éditeur tient à remercier M. Pierre Mathieu, conseiller pédagogique en mathématiques.

Pour leurs suggestions et leurs judicieux commentaires, à l'une ou l'autre des étapes du projet, l'Éditeur tient à remercier : Mme Denise Charest, enseignante, École Saint-Léon-de-Westmount, C. s. de Montréal, Mme Danielle Girard, conseillère pédagogique, C. s. de la Pointe-de-l'Île et M. Marcel Robillard, enseignant, École La Perdriolle, C. s. des Trois-Lacs, et chargé de cours en mesure et évaluation à l'Université du Québec à Montréal.

L'Éditeur tient aussi à souligner la participation des personnes suivantes :

Mme Francine Barbeau, enseignante,
  École Montagnac,
  C. s. des Premières-Seigneuries ;
M. Jean-Claude Bardier, enseignant ;
Mme Micheline Baril, enseignante,
  C. s. des Draveurs ;
Mme Julie Bertrand, enseignante,
  École Laurendeau-Dunton,
  C. s. Marguerite-Bourgeoys ;
Mme Thérèse Blais, enseignante,
  École Le Ruisselet, C. s. des Découvreurs ;
Mme Nancy Bouchard, enseignante,
  École Jules-Vernes, C. s. de la Pointe-de-l'Île ;
Mme Suzanne Brassard, enseignante,
  École de la Pulperie,
  C. s. des Rives-du-Saguenay ;
Mme Thérèse Bureau, enseignante,
  École Hébert, C. s. de Laval ;
Mme Johanne Cassivi, enseignante,
  École Saint-Jean-Bosco,
  C. s. des Portages-de-l'Outaouais ;
Mme Josée Charland, enseignante,
  École Lac-des-Fées,
  C. s. des Portages-de-l'Outaouais ;
Mme Julie Charland, enseignante,
  École Harfang-des-Neiges,
  C. s. Marguerite-Bourgeoys ;
M. Yvan Demers, enseignant, École du Tremplin,
  C. s. des Sommets ;

Mme Odette Dionne, enseignante,
  École Saint-Joseph, C. s. des Navigateurs ;
Mme Andrée Drolet, enseignante,
  École Sainte-Thérèse, C. s. des Rives-du-Saguenay ;
Mme Annie Du Perron, enseignante,
  École Le Sentier, C. s. de Laval ;
Mme Myriam Ferland, enseignante,
  C. s. des Navigateurs ;
M. Normand Girard, enseignant,
  École Saint-Joseph, C. s. des Rives-du-Saguenay ;
Mme Guylaine Gosselin, enseignante,
  École Sacré-Cœur (Lac-Mégantic),
  C. s. des Hauts-Cantons ;
Mme Claudette Hanna, enseignante,
  École de la Chanterelle, C. s. des Navigateurs ;
Mme Thérèse Hébert, enseignante,
  École Jacques-Buteux, C. s. du Chemin-du-Roy ;
Mme Carole Janson, enseignante,
  École Victor-Thérien, C. s. Marguerite-Bourgeoys ;
Mme Danièle Jean, enseignante,
  École Saint-Michel, C. s. au Cœur-des-Vallées ;
Mme Danielle Lebel, enseignante,
  École Sainte-Lucie, C. s. de la Jonquière ;
Mme Louise Légasse, enseignante,
  École Chanoine-Côté, C. s. de la Capitale ;
Mme Nathalie Lévesque, enseignante,
  École Ludger-Duvernay, C. s. de Montréal ;
Mme Marlyne Lyons, enseignante,
  École La Sablonnière, C. s. des Draveurs ;

Mme Colombe Marcotte, enseignante,
  École aux Quatre-Vents,
  C. s. des Premières-Seigneuries ;
Mme Danielle Martel, enseignante,
  École des Hauts-Clochers, C. s. des Découvreurs ;
M. Junior Martin, enseignant, École Richelieu,
  C. s. du Chemin-du-Roy ;
M. Luc Michaud, enseignant,
  École Eymard, C. s. de la Région-de-Sherbrooke ;
Mme Mélanie Michel, enseignante,
  École Père-Vimont, C. s. de Laval ;
Mme Hélène Mondou, enseignante,
  École Saint-Malo, C. s. de la Capitale ;
Mme Monique Ouellette, enseignante,
  École Sainte-Marie, C. s. de Portneuf ;
Mme Thérèse Maillette, enseignante,
  École Clair-Matin,
  C. s. de la Seigneurie des Mille-Îles ;
Mme Micheline Picher, enseignante,
  École Perce-Neige, C. s. de Portneuf ;
Mme Liette Roy, enseignante, École de la Source,
  C. s. des Affluents ;
Mme Lisette Simard, enseignante,
  École Benoît-Duhamel,
  C. s. du Pays-des-Bleuets ;
Mme Francine St-Pierre, enseignante,
  École du Dôme, C. s. des Portages-de-l'Outaouais.

MANUEL DE L'ÉLÈVE **3**
VOLUME B

Clicmaths

2e cycle
du primaire

© 2002, Éditions Grand Duc, une division du Groupe Éducalivres inc.
955, rue Bergar, Laval (Québec) H7L 4Z6
Téléphone : 514 334-8466 ■ Télécopie : 514 334-8387
www.grandduc.com

Tous droits réservés

Illustrations : Robert Monté, Jean Morin, Jean-François Vachon

Nous reconnaissons l'aide financière du gouvernement du Canada par l'entremise du Programme d'aide au développement de l'industrie de l'édition (PADIÉ) pour nos activités d'édition.

CODE PRODUIT 3080
ISBN 978-0-03-928509-8

Dépôt légal — 4e trimestre
Bibliothèque nationale du Québec, 2002
Bibliothèque nationale du Canada, 2002

Imprimé au Canada
7 8 9 0 S 1 0 9 8

TABLE DES MATIÈRES

Les pictogrammes de *Clicmaths*

 Je relève un défi.

 Je travaille sur la feuille que mon enseignant ou enseignante me remet.

 J'effectue une estimation.

 J'utilise ma calculatrice.

 Je travaille à l'ordinateur.

Étape 3

La ferme Beausoleil

Situation-problème L'enclos

Le père de Bruno et de Laura a une plantation de sapins. Bruno et Laura veulent construire un enclos en utilisant des sapins comme piquets pour la clôture.

Bruno et Laura ont construit l'enclos ci-dessous, mais ils ont manqué de grillage pour le fermer.

a) En utilisant la même longueur de clôture que Bruno et Laura, dessine deux enclos différents sur une feuille de papier quadrillé. Chaque enclos doit être fermé et la clôture doit toujours former une ligne horizontale ou verticale.

b) Lequel des deux enclos que tu as dessinés préfères-tu ? Explique pourquoi.

Activité 1 • Le poulailler de Laura

Avec des bâtonnets à café, Laura représente un nouveau projet de poulailler.

La mesure du contour d'une figure plane s'appelle le périmètre.

a) Combien de bâtonnets a-t-elle utilisés ?

b) Avec le même nombre de bâtonnets, représente un autre poulailler.

c) Le poulailler que tu as représenté a-t-il le même périmètre que celui de Laura ?

Sur une feuille de papier quadrillée, Laura trace un rectangle correspondant au nouveau projet de poulailler.

Chaque bâtonnet à café correspond à une unité.

d) Sur une feuille de papier quadrillée, trace deux autres rectangles qui ont le même périmètre que le rectangle tracé par Laura.

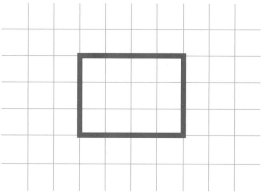

Pour représenter les rectangles, tu peux commencer par utiliser des bâtonnets à café.

Je m'exerce

Sur une feuille de papier quadrillée, sachant qu'un côté d'un petit carreau de la feuille correspond à une unité, trace

a) trois rectangles différents qui ont un périmètre de 12 unités ;

b) deux autres polygones qui ont un périmètre de 12 unités.

Activité 2 • Le poulailler de Bruno

Bruno a lui aussi un nouveau projet de poulailler.
Il le représente à l'aide de cinq carrés identiques.

Bruno représente
ce poulailler
sur une feuille
de papier quadrillée.

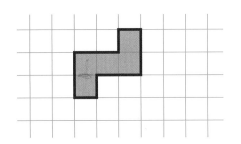

a) Fais équipe avec un ou une camarade pour
trouver les 11 autres façons d'agencer
5 carrés identiques. Afin de ne pas en oublier,
représentez toutes les solutions sur
une feuille de papier quadrillée.

b) Parmi les 12 agencements possibles, lequel
a le plus petit périmètre ? Quel est
ce périmètre ?

> Pour représenter cette figure,
> ton ou ta camarade et toi
> pouvez commencer par utiliser
> des objets de forme carrée
> comme des centicubes,
> de petits carreaux
> de céramique, etc.

Je m'exerce

1. Quel est le périmètre de chacune des formes polygonales ci-dessous ?

a)

b)

c)

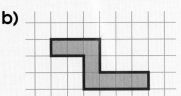 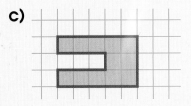

2. a) Sur une feuille de papier quadrillée, représente les cinq façons possibles
d'agencer quatre carrés identiques.

b) Lequel des cinq agencements a le plus petit périmètre ?
Quel est ce périmètre ?

Je m'entraîne

 Avec ta règle, détermine en millimètres le périmètre des figures ci-dessous.

a)

b)

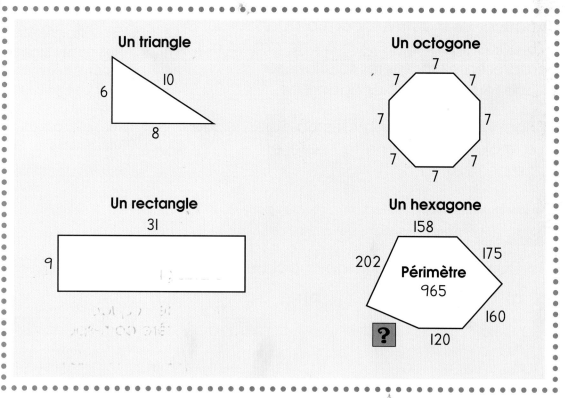

Voici différents polygones.

Un triangle

10
6
8

Un octogone

7
7   7
7   7
7   7
7

Un rectangle

31
9

Un hexagone

158
202   175
Périmètre
965
160
?   120

a) Quel est le périmètre

1) du triangle ?   2) du rectangle ?   3) de l'octogone ?

b) Quelle est la mesure du dernier côté (**?**) de l'hexagone ?

Bruno et Laura vendent des œufs au marché.

 a) Voici la forme des présentoirs.

1)

2)

3)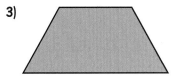

Quelle est la forme de chacun des présentoirs ?

b) Bruno et Laura agencent les présentoirs de trois façons.

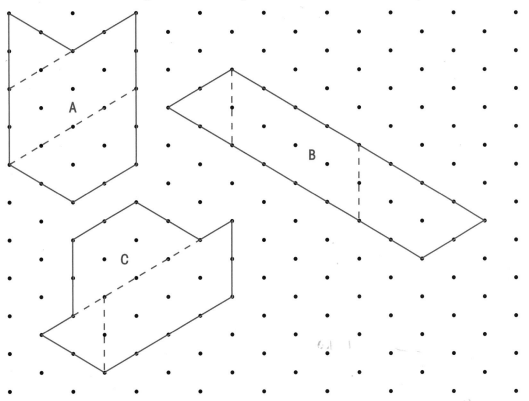

Parmi ces agencements, lequel a le plus grand périmètre ?

 À l'aide de deux lignes parallèles, on trace deux quadrilatères. La longueur de la base de chaque quadrilatère correspond à celle d'un crayon.

Sans mesurer ces quadrilatères, indique lequel a le plus grand périmètre. Explique ta réponse.

Les bâtiments de la ferme

Sur une feuille de papier quadrillée, Laura et Bruno représentent plusieurs bâtiments de la ferme qui ont la forme de polygones.

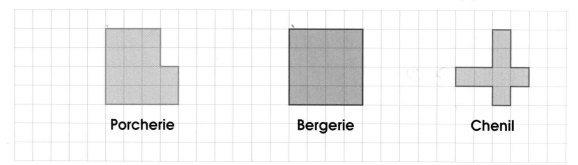

Porcherie · Bergerie · Chenil

a) Remplis le tableau qu'on te remet.

Bâtiments	Périmètre	Nombre de carreaux à l'intérieur du polygone	Polygone convexe ou non convexe
Porcherie			
Bergerie			
Chenil			

b) Sur une feuille de papier quadrillée, trace le contour d'un autre bâtiment de la ferme ayant le même périmètre et

1) un carreau de moins que la porcherie ;

2) un carreau de moins que la bergerie ;

3) trois carreaux de plus que le chenil.

Bruno et Laura ont chacun fabriqué une banderole pour accueillir leurs camarades à la ferme.

Banderole de Bruno

I mètre

Banderole de Laura

Bienvenue à la ferme!

I mètre

 Sans mesurer ces banderoles, indique laquelle a le plus grand périmètre. Explique ta réponse.

7 En précisant la mesure de chacun de ses côtés, trace

   a) un rectangle qui a un périmètre de I8 centimètres ;

   b) un carré qui a un périmètre de 32 centimètres ;

   c) un parallélogramme qui a un périmètre de 24 centimètres ;

   d) un triangle qui a un périmètre de I2 centimètres.

Je suis capable

Bruno, Laura et leur amie Valérie fabriquent chacun et chacune une guirlande pour décorer le poulailler.

Voici les polygones utilisés dans chaque guirlande.

Bruno	Des triangles dont tous les côtés sont isométriques.
Laura	Des pentagones dont tous les côtés sont isométriques.
Valérie	Des hexagones dont tous les côtés sont isométriques.

Voici comment les morceaux sont disposés pour former chaque guirlande.

Triangle	Figure I	Figure 2	Figure 3
Périmètre : 3 unités.			
Pentagone	Figure I	Figure 2	Figure 3
Périmètre : 5 unités.			
Hexagone	Figure I	Figure 2	Figure 3
Périmètre : 6 unités.			

 Complète le tableau qu'on te remet.

	Périmètre de la figure I	Périmètre de la figure 2	Périmètre de la figure 3	Périmètre de la figure 4	Périmètre de la figure 5
Triangle					
Pentagone			I4		
Hexagone	10				

Le périmètre

La mesure du contour d'une figure plane s'appelle le périmètre.

Exemples :

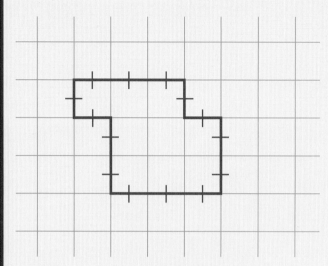

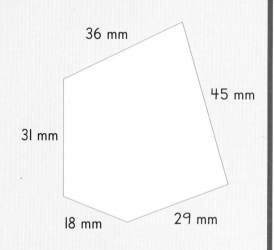

36 mm

45 mm

31 mm

18 mm

29 mm

Le périmètre est de 14 unités.

Le périmètre est de 159 mm.

$(36 + 45 + 29 + 18 + 31 = 159)$

Pour déterminer le périmètre d'une figure plane, on fait la somme des mesures de tous les côtés.

Dans ma vie

Connaître le périmètre est utile pour réaliser des travaux de construction, comme l'installation d'une clôture autour d'un potager.

Et toi, quand utilises-tu le périmètre d'une figure ?

Des modules sur mesure

La Station spatiale internationale est formée de différents modules reliés les uns aux autres.

Agence spatiale canadienne

Pour construire la maquette de leur propre station spatiale, Ly et Vincent utilisent des pailles et des boules de pâte à modeler. Voici leurs trois premiers modules.

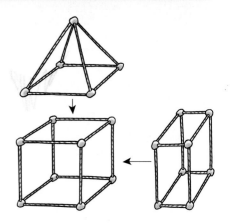

a) Avec six pailles de la même longueur, est-il possible de construire un nouveau module ?

Si oui, combien de boules de pâte à modeler faudra-t-il ?

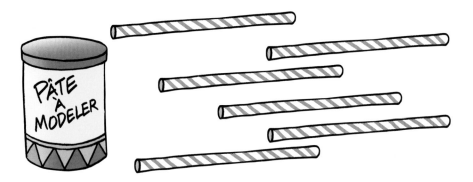

b) Construis un module avec neuf pailles de la même longueur et six boules de pâte à modeler. Puis décris ce module dans tes mots.

Activité 1 • Un bon doigté

Nombre de joueurs et de joueuses

Deux.

Matériel

- Un bandeau par équipe
- Un ensemble de solides
- Une feuille de papier où est représenté chacun des solides.

Marche à suivre

- Une personne de l'équipe choisit un solide. Puis elle le place entre les mains de l'autre personne, qui a les yeux bandés.

- Cette seconde personne décrit le solide, le remet à la première personne, puis retire son bandeau. Sur la feuille qu'on lui remet, elle essaie ensuite de reconnaître le solide qu'elle a touché.

- L'équipe refait l'expérience en inversant les rôles.

Je m'exerce

Nomme des objets de la vie courante qui ressemblent à chacun des solides ci-contre.

a)

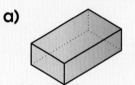

Prisme
à base rectangulaire

c)

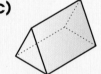

Prisme
à base triangulaire

e)

Pyramide
à base hexagonale

b)

Cube

d)

Pyramide
à base carrée

f)

Prisme
à base carrée

Activité 2 • Une solide description !

Nombre de joueurs et de joueuses

Deux.

Matériel

- Trois jetons numérotés de 1 à 3
- Un panneau par équipe
- Un ensemble de solides
- Une feuille de papier où sont représentés les solides.

Marche à suivre

- Une personne de l'équipe choisit trois solides. Puis elle les décrit, sans indiquer leur nom, à l'autre personne, qui est de l'autre côté du panneau.

- Cette seconde personne essaie d'identifier les solides. Sur la feuille qu'on lui remet, elle place les jetons 1, 2 et 3 sur les images correspondant à chacun des trois solides décrits.

- L'équipe refait l'expérience en inversant les rôles.

Je m'exerce

1. Quelles informations peux-tu donner pour décrire un solide ?

2. Quelles informations donnerais-tu pour décrire chacun des solides ci-dessous ?

a)
Boule

b)
Cylindre

c)
Prisme à base carrée

d)
Cône

e)
Pyramide à base hexagonale

Activité 3 • Sous toutes les coutures !

Observe les solides ci-dessous.

Prisme à base rectangulaire	Pyramide à base triangulaire	Prisme à base carrée	Prisme à base triangulaire	Pyramide à base carrée

a) Dans le cas de chacun des solides ci-dessus, quel est le nombre

   1) de faces ?

   2) d'arêtes ?

   3) de sommets ?

b) Parmi les solides ci-dessus, lesquels ont des faces parallèles ?

Une face d'un solide est une surface plane ou courbe délimitée par des arêtes.

Une arête est la ligne formée par la rencontre de deux faces d'un solide.

Un sommet est le point de rencontre d'au moins deux arêtes d'un solide.

Exemple : Le cube ci-dessous a 6 faces, 12 arêtes et 8 sommets.

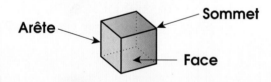

Je m'exerce

1. Lequel des deux solides suivants a le plus de sommets : un prisme à base carrée ou une pyramide à base carrée ?

2. Une pyramide peut-elle avoir plus d'arêtes qu'un prisme à base carrée ? Si oui, donne un exemple.

3. Décris les faces de chacun des solides de l'activité **3**.

1 Observe les deux solides ci-dessous.

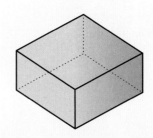

a) Quel est le nom de chacun de ces solides ?

b) Quelles sont les différences entre ces solides ?

c) Donne un attribut commun à ces deux solides ?

2 Observe les solides ci-dessous.

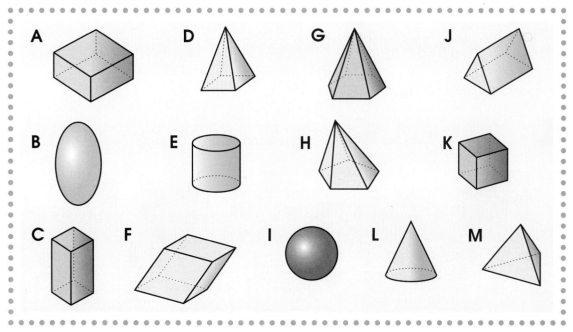

A   D   G   J

B   E   H   K

C   F   I   L   M

a) Identifie tous les prismes. Quels sont les attributs des prismes ?

b) Identifie toutes les pyramides. Quels sont les attributs des pyramides ?

c) Quels solides reste-t-il ?

3 Pour la station spatiale, Ly a imaginé une chambre qui a la forme d'un prisme et Vincent, une chambre qui a la forme d'une pyramide.

a) Ce prisme et cette pyramide ont-ils le même nombre

  1) de sommets ?   **2)** de faces ?   **3)** d'arêtes ?

b) Lequel de ces deux solides a des faces parallèles ?

c) Une pyramide peut-elle avoir des faces parallèles ? Explique ta réponse.

4 Construis trois prismes différents en utilisant chaque fois 18 cubes.

5 Avec des boules de pâte à modeler et des pailles, on peut représenter les sommets et les arêtes d'un prisme ou d'une pyramide.

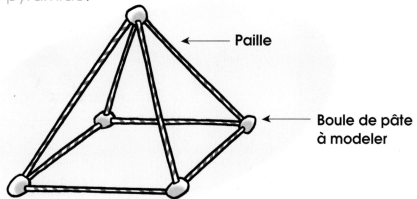

← **Paille**

← **Boule de pâte à modeler**

a) Avec 8 boules de pâte à modeler et 12 pailles de même longueur, est-il possible de construire le squelette

    1) d'un prisme ?   **2)** d'une pyramide ?

> Utilise des boules de pâte à modeler pour réunir les pailles.

b) Avec 6 boules de pâte à modeler et 10 pailles de même longueur, est-il possible de construire le squelette

    1) d'un prisme ?   **2)** d'une pyramide ?

c) Pour construire le squelette d'une pyramide, quel est le plus petit nombre de boules de pâte à modeler et de pailles de même longueur dont on a besoin ?

6 Dans une pyramide, le sommet opposé à la base s'appelle l'**apex.**

Que se passe-t-il si l'on déplace l'**apex** d'une pyramide à base carrée vers l'avant, l'arrière, la gauche ou la droite ?

Apex

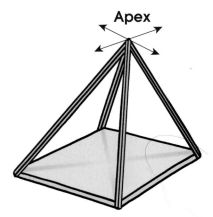

> Utilise des élastiques pour représenter les arêtes. Tu pourras ainsi déplacer facilement l'apex de la pyramide.

7 Ly et Vincent aimeraient emporter le dé ci-contre pour jouer dans l'espace.

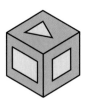

Voici les six faces du dé.

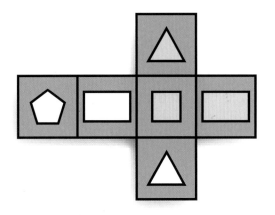

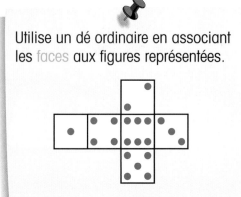

Utilise un dé ordinaire en associant les faces aux figures représentées.

a) Voici les résultats que Ly a obtenus après sept lancers.

    1er   2e   3e   4e   5e   6e   7e

Avec ces résultats, peut-elle construire un prisme ou une pyramide ? Si oui, donne le nom du solide.

b) Voici les résultats que Vincent a obtenus après cinq lancers.

    1er   2e   3e   4e   5e

Pourrait-il construire un prisme ou une pyramide au prochain lancer ? Si oui, quel résultat devrait-il obtenir en lançant le dé ?

c) Joue quelques parties avec des camarades.

- À tour de rôle, les joueurs et les joueuses lancent le dé, en notant chaque fois le résultat obtenu.
- Il faut essayer de construire un prisme ou une pyramide en utilisant les résultats obtenus.
- La personne qui y parvient avec le plus petit nombre de lancers gagne la partie.

Je suis capable

Vincent construit une station spatiale en assemblant un prisme à base carrée, une pyramide à base carrée et une pyramide à base rectangulaire.

Représente la structure de cette station spatiale. Utilise des cure-pipes, des pailles, des cure-dents, un dessin ou l'ordinateur.

Clic

Les prismes et les pyramides

On peut décrire un solide à l'aide de ses faces, de ses arêtes et de ses sommets.

Voici des exemples de prismes.

Deux bases **parallèles** et **isométriques**

Arêtes

Sommets

| Prisme à base carrée | Prisme à base rectangulaire | Cube | Prisme à base rectangulaire | Prisme à base triangulaire |

Voici des exemples de pyramides.

Arêtes

Apex

Sommets

Base

| Pyramide à base triangulaire | Pyramide à base hexagonale | Pyramide à base pentagonale | Pyramide à base carrée |

Dans ma vie

Quelles structures aimerais-tu construire avec des solides ?

Le camp d'été

Situation-problème **Sous la tente**

Combien de personnes peut-on accueillir dans la section des tentes

a) à 3 places ? **b)** à 4 places ?

Situation-problème — Les toiles d'araignée

Sur le sentier d'hébertisme, on trouve des jeux faits avec des cordages : la corde de Tarzan, la grande balançoire, le pont de corde, ainsi que six toiles d'araignée identiques.

Ces toiles ont été réalisées grâce à des nœuds.

Au total, combien de nœuds sont nécessaires pour tisser 6 toiles ?

Activité 1 • L'exposition de dessins

Mélinda et Zacharie veulent exposer leurs dessins sur des panneaux de forme rectangulaire.

Mélinda délimite et découpe une grille de 9 carreaux sur 4 carreaux.

Zacharie délimite et découpe une grille de 8 carreaux sur 4 carreaux.

a) Découpe deux grilles identiques à celles de Mélinda et de Zacharie.

b) Avec ces deux grilles, forme une grande grille rectangulaire.

c) Décris deux façons de compter le nombre de petits carreaux de la grande grille obtenue en **b)**.

d) Ton enseignant ou enseignante te remet des grilles de différentes dimensions.

1) Assemble ces grilles deux par deux pour former de grandes grilles rectangulaires.

2) Combien de petits carreaux chacune de ces grandes grilles contient-elle ?

3) Explique comment tu as compté les carreaux.

Je m'exerce

a) Sur une feuille de papier quadrillée, délimite des grilles rectangulaires qui ont les dimensions suivantes.

1) 3 sur 12. **2)** 15 sur 4. **3)** 5 sur 18. **4)** 19 sur 6.

b) Combien de carreaux y a-t-il dans chacune des grilles que tu as délimitées ? Explique tes calculs.

Activité 2 • Le potager communautaire

Mélinda et Zacharie s'occupent des choux dans le potager communautaire. Pour compter le nombre total de choux, les deux camarades séparent le potager en petites sections en procédant de la façon suivante.

Mélinda

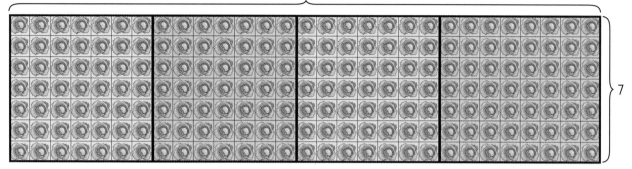

29

7

Zacharie

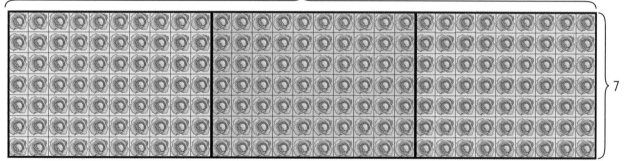

29

7

a) En utilisant ces petites sections, calcule le nombre total de choux dans chaque cas. Laisse les traces de tes calculs.

b) Les calculs sont-ils plus faciles avec la méthode de Mélinda ou avec celle de Zacharie ? Explique ta réponse.

Je m'exerce

 a) Sur une feuille de papier quadrillée, délimite des grilles rectangulaires qui ont les dimensions suivantes.

    1) 23 sur 8.   **2)** 25 sur 6.   **3)** 35 sur 4.   **4)** 38 sur 5.   **5)** 41 sur 9.

  b) Combien de carreaux y a-t-il dans chacune des grilles que tu as délimitées ? Afin de calculer rapidement, sépare chacune des grilles en petites grilles. Laisse les traces de tes calculs.

Activité 3 • Les tours de cubes

Dans une boîte contenant des papiers numérotés de 1 à 9, Mélinda tire trois papiers. Puis, elle construit une tour.

a) Construis une tour en procédant de la même manière.

    1) Combien de cubes y a-t-il dans ta tour ?

    2) Comment les as-tu comptés ?

b) Les tours de deux élèves qui tirent des nombres différents peuvent-elles avoir le même nombre de cubes ? Explique ta réponse.

c) Observe maintenant les tours construites par Claire et Zacharie.

Tour de Claire	**Tour de Zacharie**
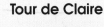	

    1) Quels nombres Claire a-t-elle tirés ? Et Zacharie ?

    2) Claire a calculé ainsi le nombre de cubes de sa tour.

$$\begin{array}{l} (5 \times 5) \times 3 \\ 25 \times 3 \end{array}$$

Et voici comment Zacharie a procédé.

$$\begin{array}{l} 5 \times (3 \times 5) \\ 5 \times 15 \end{array}$$

Est-ce que Claire et Zacharie obtiendront le même nombre de cubes ? Explique ta réponse.

Je m'exerce

Observe les multiplications ci-contre.

a) Associe leurs facteurs pour faciliter le calcul.

b) Récris les multiplications simplifiées.

c) Trouve le produit de chaque multiplication.

1) $2 \times 9 \times 5$

2) $4 \times 8 \times 5$

3) $5 \times 8 \times 3$

4) $5 \times 7 \times 5$

1 Zacharie range ses billes selon leur couleur dans trois pots différents. Il fait les estimations suivantes pour avoir une idée du nombre de billes que contient chaque pot.

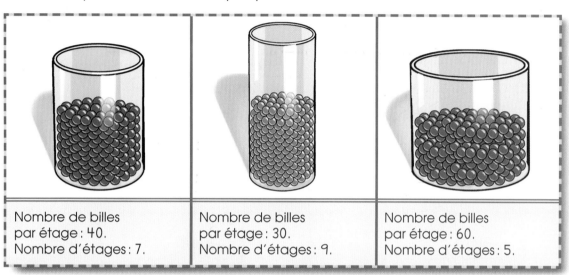

| Nombre de billes par étage : 40. Nombre d'étages : 7. | Nombre de billes par étage : 30. Nombre d'étages : 9. | Nombre de billes par étage : 60. Nombre d'étages : 5. |

Selon ces estimations, quel pot contient le plus grand nombre de billes ? Laisse les traces de tes calculs.

2 Le livre de Mélinda a 8 chapitres de 28 pages et celui de Zacharie, 6 chapitres de 34 pages.

a) Estime le nombre de pages de chaque livre.

b) Calcule le nombre exact de pages de chaque livre.

c) Quel livre contient le plus de pages ?

3 Zacharie aide la cuisinière du camp d'été à ranger des caisses.

Il y a 8 caisses de 24 bouteilles de boisson gazeuse, 15 caisses de 9 contenants de lait et 7 caisses de 48 boîtes de céréales.

Quel est le nombre

a) de bouteilles de boisson gazeuse ?

b) de contenants de lait ?

c) de boîtes de céréales ?

4 Voici les canots disposés sur le bord du lac.

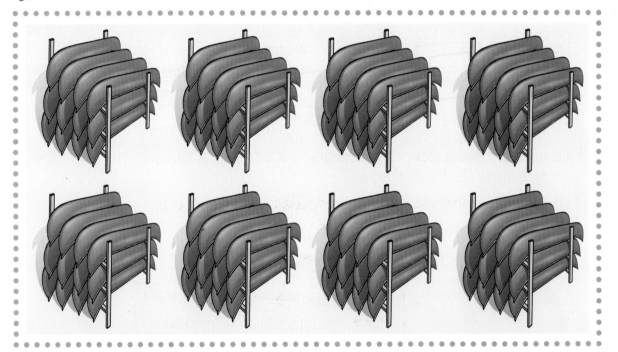

 a) Combien de canots y a-t-il ?

b) Si 3 personnes peuvent monter dans chaque canot, combien de personnes peuvent faire du canot en même temps ?

c) S'il faut 2 rames par canot, combien de rames faut-il en tout ?

5 Le camp d'été accueille 300 enfants. Pour la soirée cinéma, on veut installer 7 rangées de 43 chaises dans la salle communautaire.

A-t-on prévu assez de chaises ? Explique ta réponse.

6 Une excursion de 48 heures en forêt est organisée. Mélinda et Zacharie auraient préféré que l'excursion dure 4 jours.

Combien d'heures une telle excursion aurait-elle duré ?

 7 Un concessionnaire d'automobiles possède quatre stationnements.

Stationnement 1	7 rangées de 57 voitures
Stationnement 2	6 rangées de 64 voitures
Stationnement 3	8 rangées de 48 voitures
Stationnement 4	5 rangées de 78 voitures

Une employée doit placer trois nouvelles voitures dans le stationnement qui comprend le moins de voitures.

a) Dans quel stationnement doit-elle placer ces trois voitures ?

b) Combien de voitures y aura-t-il alors dans ce stationnement ?

8 Reproduis la grille ci-dessous sur une feuille de papier quadrillée.

18 ⎰

36

Sépare cette grille en petites sections afin de calculer rapidement le nombre total de carreaux. Laisse les traces de ta démarche.

Je suis capable

Mélinda et Zacharie ont créé trois modèles de colliers différents.

Modèle A	Modèle B	Modèle C
52 billes de bois	46 billes de plastique	39 billes de liège

 Ils veulent fabriquer 8 colliers du modèle **A,** 6 colliers du modèle **B** et 4 colliers du modèle **C.**

Combien de billes de chaque sorte doivent-ils acheter ? Laisse les traces de tes calculs.

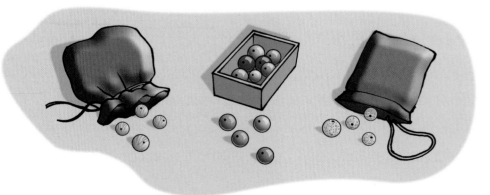

Clic

La multiplication

Pour multiplier un nombre de deux chiffres par un nombre de un chiffre :

– on décompose le nombre de deux chiffres ;

– on multiplie chaque partie par le nombre de un chiffre ;

– on fait la somme des produits.

Exemple : **28 × 7 = 196**

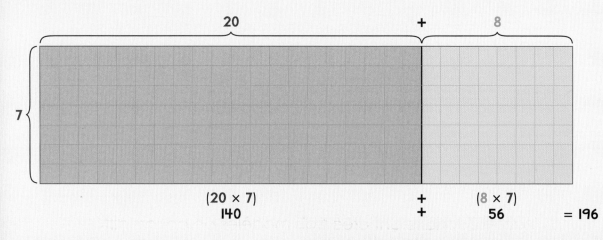

	20	+	8

7 {

(20 × 7) + (8 × 7)
140 + 56 = 196

Dans ma vie

La multiplication est très utile quand on organise un camp d'été.

Et toi, dans quelles situations utilises-tu la multiplication ?

Pollution interdite

Situation-problème ## La chasse aux déchets

La kermesse de l'école vient de se terminer. Il y a malheureusement beaucoup de déchets dans la cour. Judith, Anita, Manu et Léo décident de la nettoyer.

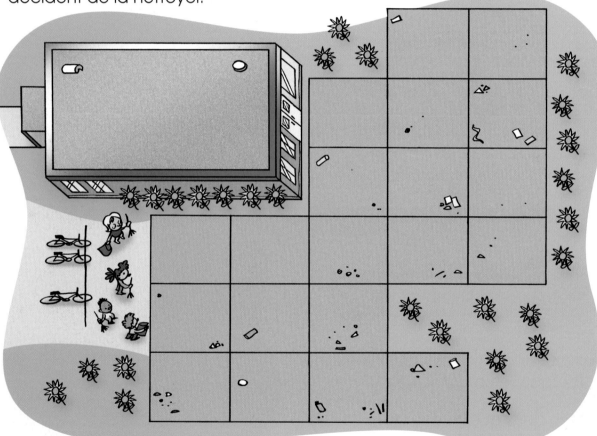

Pour se répartir également la tâche, les quatre camarades partagent la cour en quatre surfaces équivalentes.

a) Comment procéderais-tu à leur place ? Est-ce la seule solution possible ?

b) D'autres élèves décident de les aider. Chaque élève décide de nettoyer une partie de la cour équivalant à celle ci-contre.

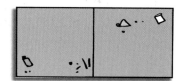

1) Combien d'élèves faut-il pour nettoyer toute la cour ?

2) Quelle fraction de la cour représente la partie nettoyée par chaque élève ?

Activité 1 • Une roseraie multicolore

M. Larose cultive des roses rouges, jaunes, blanches et même bleues.

a) M. Larose privilégie-t-il une couleur de roses ? Explique ta réponse.

b) Voici la guirlande de fleurs qu'il a fabriquée pour l'anniversaire de sa fille.

Quelle fraction de la guirlande les roses blanches représentent-elles ?

c) Avec 20 roses rouges, il a fait les 7 bouquets ci-dessous pour ses meilleurs amis et amies.

Lisa Lili Léo Lucas Luc Laure Luce

Quelle fraction des roses y a-t-il dans chaque bouquet ?

Je m'exerce

Dans chacune des illustrations ci-dessous, quelle fraction la partie rouge représente-t-elle ?

a)

b)

c)

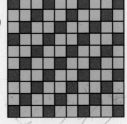

Activité 2 • Un cadeau de la nature

En découpant la photographie ci-dessous, Zoé fabrique un casse-tête.

a) Découpe la photographie qu'on te remet afin que chaque morceau représente

1) le $\frac{1}{2}$ du casse-tête ;

2) le $\frac{1}{4}$ du casse-tête ;

3) le $\frac{1}{10}$ du casse-tête ;

4) le $\frac{1}{100}$ du casse-tête.

b) Compare chacun de tes casse-tête avec ceux d'un ou d'une camarade. En quoi sont-ils semblables ? En quoi sont-ils différents ?

Je m'exerce

1. Choisis un dessin. Découpe-le pour créer un casse-tête. Le casse-tête doit avoir 10 pièces représentant chacune $\frac{1}{10}$ du casse-tête. Comment procèdes-tu pour diviser le dessin en 10 pièces équivalentes ?

2. Plie un bout de ficelle de façon à trouver le quart de cette ficelle.

3. Quelle fraction de l'ensemble des flocons les flocons blancs représentent-ils dans chacune des guirlandes ci-dessous ?

a) ❄ ❄ ❄ ❄

b) ❄ ❄ ❄ ❄ ❄ ❄ ❄ ❄ ❄ ❄

Activité 3 • Des fractions tout en couleurs

Audrey s'amuse avec des **polyominos** fabriqués avec du plastique.

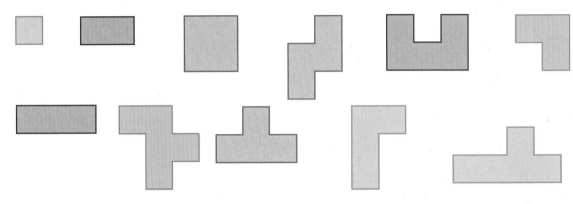

Elle a représenté les fractions suivantes.

 La partie verte représente le $\frac{1}{3}$ du tout.

 La partie verte représente le $\frac{1}{4}$ du tout.

Le plus petit polyomino (☐) est très utile pour représenter des fractions.

En utilisant le matériel d'Audrey, représente chacune des fractions suivantes.

a) $\frac{1}{4}$ c) $\frac{1}{10}$ e) $\frac{1}{3}$ g) $\frac{2}{5}$

b) $\frac{3}{4}$ d) $\frac{4}{10}$ f) $\frac{2}{3}$ h) $\frac{3}{5}$

Une fraction est composée d'un numérateur et d'un dénominateur.

$\dfrac{4}{10}$ ←——— Numérateur
←——— Dénominateur

Le dénominateur indique en combien de parties équivalentes le tout a été subdivisé.

Le numérateur indique le nombre de parties que l'on considère.

Je m'exerce

À l'aide des polyominos ci-contre, construis une mosaïque de forme rectangulaire.

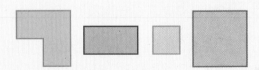

Quelle est la fraction de la mosaïque représentée par

a) le morceau vert ?   **b)** le morceau orange ?   **c)** le morceau bleu ?

Je m'entraîne

---

① Observe les illustrations ci-dessous.

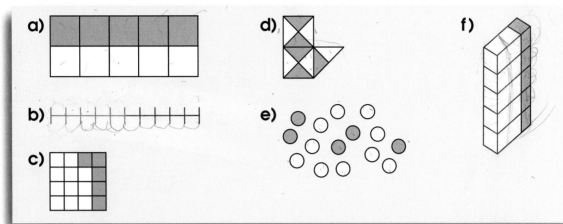

a)

b)

c)

d)

e)

f)

Dans quelles illustrations la partie rouge représente-t-elle les $\frac{5}{10}$ du tout ?

---

2 Juliette a étalé 1 $ en pièces de 1 ¢ sur une table.

a) Sur les feuilles qu'on te remet, colorie

   1) 10 pièces ;

   2) 25 pièces ;

   3) 50 pièces ;

   4) 75 pièces.

b) Dans chacun des cas, quelle fraction du tout les pièces coloriées représentent-elles ?

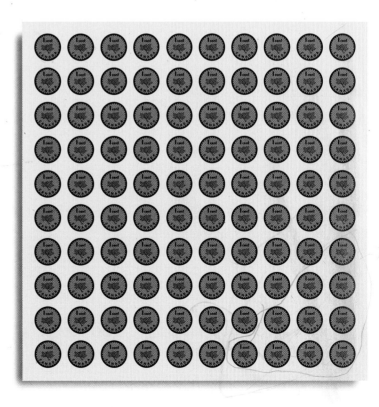

3 Philippe et Anne font du ski de fond dans le parc Christophe-Colomb. Sur la carte ci-dessous, ils marquent en rouge la partie du trajet qu'ils ont parcourue.

Départ

Camp des Bouleaux

Arrivée
Camp des Pins

a) Quelle fraction du trajet

1) ont-ils déjà parcourue ?   **2)** leur reste-t-il à parcourir ?

b) Un lac occupe les $\frac{33}{100}$ du parc. Dessine ce lac sur la carte.

4 Félicien publie un article sur l'environnement dans le journal de l'école. Le journal compte 30 pages en tout.

1	2	3	4	5	6	7	8	9	10

11	12	13	14	15	16	17	18	19	20

21	22	23	24	25	26	27	28	29	30

Indique les pages que son article pourrait couvrir s'il représentait les fractions suivantes de l'ensemble des pages :

a) $\frac{1}{2}$ des pages ;   **b)** $\frac{3}{10}$ des pages.

5 Selon le journal de l'école, une zone d'un parc est contaminée par du plomb.

 Voici une vue aérienne de cette zone.

Représente la partie de la zone qui pourrait être contaminée si le plomb se trouvait dans

a) la moitié de la zone ;

b) le quart de la zone ;

c) les $\frac{3}{10}$ de la zone ;

d) les $\frac{15}{100}$ de la zone.

6 Le matériel ci-dessous permet de représenter différentes fractions.

Par exemple, la partie bleue représente le $\frac{1}{2}$ de la mosaïque ci-contre.

 a) À l'aide du matériel, construis des mosaïques représentant chacune des fractions suivantes.

1) $\frac{3}{4}$ 2) $\frac{3}{10}$ 3) $\frac{7}{10}$ 4) $\frac{17}{100}$

b) À l'aide du matériel, construis une mosaïque où

1) représente le $\frac{1}{4}$ du tout ;

2) représente le $\frac{1}{10}$ du tout ;

3) représente le $\frac{1}{10}$ du tout.

7 Les élèves de l'école Saint-Siméon nettoient les berges du fleuve Saint-Laurent. Plusieurs sacs de déchets ont été remplis.

Combien de sacs ont été remplis si le sac illustré ci-contre représente

a) le $\frac{1}{4}$ de tous les déchets ramassés ;

b) le $\frac{1}{10}$ de tous les déchets ramassés.

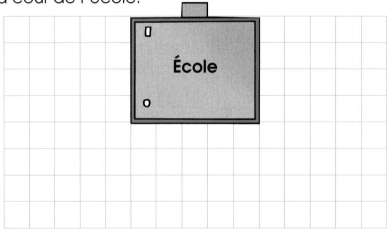

Je suis capable

L'école Laverdure invite les élèves à faire des suggestions pour aménager la cour de l'école.

```
┌─────────────────────────────────┐
│            ┌──────────┐          │
│            │ ▯        │          │
│            │   École  │          │
│            │          │          │
│            │ ○        │          │
│            └──────────┘          │
│                                  │
│                                  │
└─────────────────────────────────┘
```

Les suggestions doivent respecter les quatre conditions suivantes.

- La moitié de la cour doit être composée d'espaces verts.
- Le quart de la cour doit être réservé aux jeux.
- Le dixième de la cour doit servir de zone de pique-nique.
- Le reste de la cour doit être réservé aux tout-petits.

a) Quelle est la fraction de la cour réservée aux tout-petits ?

b) Quel aménagement suggérerais-tu ? Sur la feuille qu'on te remet, représente-le avec des crayons de couleur.

Les fractions

En mathématique, la partie d'un tout s'appelle une fraction.

Une fraction est composée d'un numérateur et d'un dénominateur.

$$\frac{4}{10}$$ ← **Numérateur**
← **Dénominateur**

Le dénominateur indique en combien de parties équivalentes le tout a été subdivisé.

Le numérateur indique le nombre de parties que l'on considère.

Si le tout est partagé en 10 parties équivalentes, chacune des parties représente le $\frac{1}{10}$ du tout.

Si le tout est partagé en 100 parties équivalentes, chacune des parties représente le $\frac{1}{100}$ du tout.

Exemple :

La partie rouge représente les **3 dixièmes** $\left(\frac{3}{10}\right)$ du quadrillage.

Exemple :

Les points rouges représentent les **11 centièmes** $\left(\frac{11}{100}\right)$ de l'ensemble des points.

Dans ma vie

Parfois, on ne remplit pas son bac de recyclage au complet, mais seulement à la moitié ou aux trois quarts.

Et toi, quand utilises-tu des fractions ?

Ce bac est-il à moitié vide ou à moitié plein ?

 **Situation-problème** ## Un chien pour Léa

Pour son anniversaire, Léa va chercher un chien au chenil.
Voici le plan de la grande cour des chiens.

I m

I m

Pour la protection des chiens, la grande cour est divisée en enclos identiques à celui ci-contre.

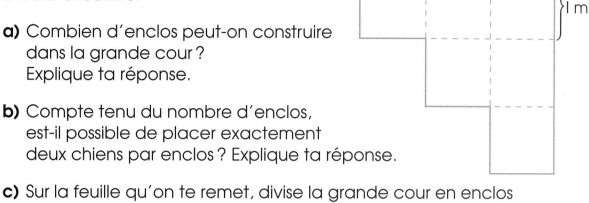

a) Combien d'enclos peut-on construire dans la grande cour ? Explique ta réponse.

b) Compte tenu du nombre d'enclos, est-il possible de placer exactement deux chiens par enclos ? Explique ta réponse.

c) Sur la feuille qu'on te remet, divise la grande cour en enclos identiques à celui ci-dessus. Il doit y avoir exactement deux chiens par enclos et les chiens ne doivent pas être déplacés.

Activité 1 • L'apprenti vétérinaire

Pour aider sa tante vétérinaire, Laurent donne des comprimés de vitamines à six chatons.

a) Combien de comprimés y a-t-il en tout ?

b) Partage également ces comprimés entre les six chatons.
Explique ta façon de procéder.

c) Comment procéderais-tu pour partager également 52 comprimés entre 4 chatons ?

Je m'exerce

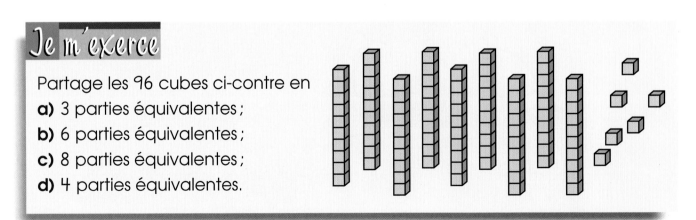

Partage les 96 cubes ci-contre en

a) 3 parties équivalentes ;

b) 6 parties équivalentes ;

c) 8 parties équivalentes ;

d) 4 parties équivalentes.

Activité 2 • Comme un poisson dans l'eau

Béatrice doit répartir également 76 poissons rouges dans 4 aquariums.

a) Environ combien de poissons y aura-t-il
 dans chaque aquarium ?

b) Combien de poissons Béatrice
devra-t-elle mettre dans chaque aquarium ?

c) Compare ta façon de calculer avec celle
d'un ou d'une camarade.
Avez-vous procédé de la même façon ?

Si tu le veux, utilise
du matériel (jetons, cubes,
etc.) pour t'aider
à trouver la solution.

Voici le nom donné aux différents
nombres qui composent une division.

$$42 \div 6 = 7$$

Dividende Diviseur Quotient

Je m'exerce

Résous chacun des problèmes suivants en laissant les traces de tes calculs.

1. Marc-Antoine partage également ses 48 autocollants entre lui
et ses 2 frères. Combien d'autocollants chacun aura-t-il ?

2. Olivia fabrique 5 colliers avec 75 billes de couleur. Chaque collier a le même
nombre de billes. Combien de billes y aura-t-il dans chaque collier ?

Activité 3 • La course

Les chiens de Tarek et de Rébecca adorent courir. Voici une représentation de la piste où ils courent.

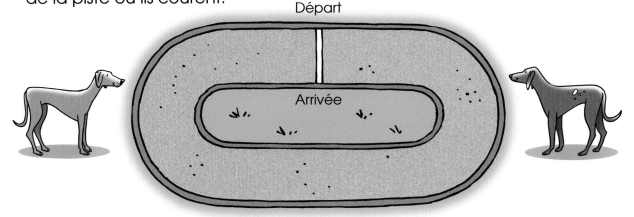

Un tour de piste équivaut à 6 mètres.

a) Dans la première course, le chien de Tarek a parcouru 78 mètres.

1) Selon toi, a-t-il fait plus de 10 tours de piste ? Explique ta réponse.

2) Environ combien de tours de piste a-t-il faits ?

3) Calcule le nombre de tours de piste qu'il a parcourus.

b) Jusqu'à présent, le chien de Rébecca a parcouru 92 mètres.

1) Combien de tours de piste **complets** a-t-il effectués ?

2) À combien de mètres de la ligne de départ se trouve-t-il à présent ? Explique tes calculs.

Je m'exerce

1. Loïc range 84 œufs en chocolat dans de petits sacs. Chaque sac doit contenir 7 œufs. Combien de sacs Loïc doit-il remplir ?

2. La famille Castonguay va à la cabane à sucre. Il y aura 56 personnes en tout. Combien de voitures faudra-t-il s'il y a 4 personnes par voiture ?

3. Valérie range ses figurines. Chaque boîte de rangement peut contenir 8 figurines. Combien de boîtes lui faudra-t-il pour ranger 96 figurines ?

Si tu le veux, utilise du matériel (jetons, cubes, etc.) pour t'aider à trouver les réponses à certaines questions.

1 Théo doit répartir également 81 feuilles dans 3 reliures à anneaux.

Combien de feuilles doit-il mettre dans chaque reliure ?

2 M. Ouici possède 88 chevaux. Il place 8 chevaux par enclos.

Combien d'enclos a-t-il ?

3 Trace un carré qui a un périmètre de 92 cm.

4 Léon trace une ligne de 90 mm de longueur. Il sépare cette ligne en un certain nombre de parties mesurant chacune 6 mm.

En combien de parties cette ligne est-elle séparée ?

 Olivier possède une collection de 84 insectes.

 a) Les insectes sont également répartis dans 4 vivariums.

Combien d'insectes y a-t-il dans chaque vivarium ?

b) Pour les exposer dans l'école, Olivier place ses insectes dans des contenants de verre. Il peut mettre 6 insectes par contenant.

Combien de contenants lui faut-il ?

6 Voici des axes qui serviront à faire des diagrammes à bandes. Sur l'axe vertical, toutes les graduations sont à égale distance. Dans chaque cas, détermine le nombre d'unités qui séparent chaque graduation.

a)

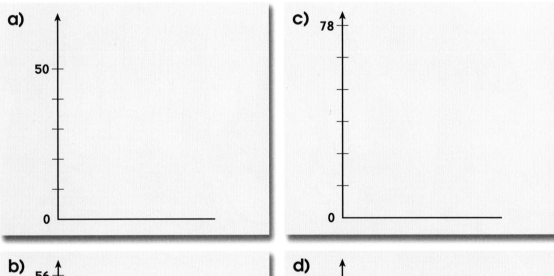

c)

b)

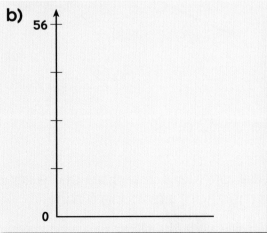

d)

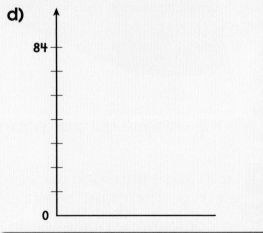

7 Au zoo, Maïka a vu une tortue qui a 91 ans. La tortue est 7 fois plus âgée que Maïka.

Quel âge Maïka a-t-elle ?

8 Samuel dresse son chien. Sur un parcours long de 42 mètres, il place un obstacle tous les 3 mètres (en plaçant le premier obstacle à 3 m de la ligne de départ).

Combien d'obstacles y a-t-il ?

9 Myriam forme des polygones avec une corde de 72 cm de longueur. Les côtés de ces polygones sont isométriques.

Combien chaque côté mesure-t-il si Myriam forme

a) un octogone ?   **c)** un quadrilatère ?

b) un hexagone ?   **d)** un triangle ?

10 Aide Marie-Pierre à trouver la solution.

J'ai obtenu 93 en additionnant trois nombres naturels qui se suivent. Je te donne mon dessert si tu trouves ces trois nombres !

Hum... Attends que j'y pense.

Pierre-Luc aide sa mère qui travaille dans un chenil. Pierre-Luc range les boîtes de conserve contenant de la nourriture pour les chiens. Il y a 84 boîtes en tout. Il décide de les placer de façon à former un arrangement rectangulaire.

a) Combien de colonnes y aura-t-il s'il fait 6 rangées de boîtes ?

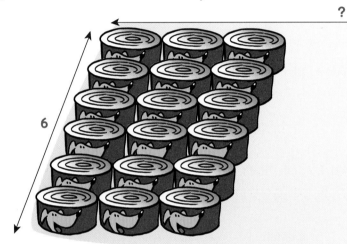

b) Combien de colonnes y aura-t-il s'il fait

1) 4 rangées de boîtes ?

2) 3 rangées de boîtes ?

3) 2 rangées de boîtes ?

La division

Voici le nom donné aux différents nombres qui composent une division.

$$96 \div 6 = 16$$

Dividende   Diviseur   Quotient

La division est l'**opération inverse** de la multiplication.

Exemple :

Calculer $54 \div 6 = \blacksquare$ revient à trouver combien de fois il y a 6 dans 54.

$$\blacksquare \times 6 = 54$$

Il y a 9 fois 6 dans 54, donc : $54 \div 6 = 9$.

Dans ma vie

Dans quelles situations t'arrive-t-il de trouver un quotient ?

Combien coûte un poisson rouge ?

4 poissons rouges pour 96 $

Un esprit sain dans un corps sain

Situation-problème

Bien manger, c'est important !

À l'occasion de la semaine de l'alimentation, Mme Gagnon a recueilli des données sur les habitudes alimentaires des élèves de l'école Saint-Joseph.

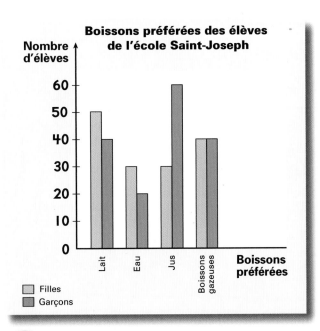

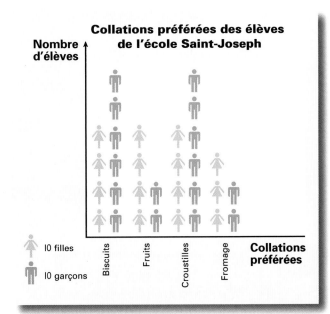

Collations préférées des élèves de l'école Saint-Joseph

Nombre d'élèves

🙋 10 filles

🧍 10 garçons

Biscuits · Fruits · Croustilles · Fromage

Collations préférées

Boissons préférées des élèves de l'école Saint-Joseph

Nombre d'élèves

60 50 40 30 20 10 0

Lait · Eau · Jus · Boissons gazeuses

Boissons préférées

☐ Filles
☐ Garçons

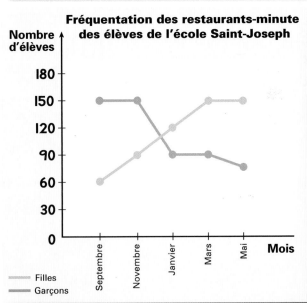

Fréquentation des restaurants-minute des élèves de l'école Saint-Joseph

Nombre d'élèves

180 150 120 90 60 30 0

Septembre · Novembre · Janvier · Mars · Mai

Mois

— Filles
— Garçons

Mme Gagnon aimerait publier dans le journal de l'école un article sur les habitudes alimentaires des élèves.

Elle te demande d'écrire cet article.

1. En te basant sur les données recueillies par Mme Gagnon, écris un petit article. Donne ton point de vue sur les habitudes alimentaires des filles et des garçons de l'école.

Si tu devais accompagner ton article d'une photographie, quel genre de photographie choisirais-tu?

2. En guise de conclusion, donne aux lecteurs et aux lectrices quelques conseils sur les bonnes habitudes alimentaires à adopter.

Activité 1 • Une journée dans la vie de Karine

Voici plusieurs activités importantes dans une journée de Karine.

A   2:15

C   9:30

E   7:45

B   10:00

D   19:00

F   8:15

a) Reproduis la ligne du temps ci-dessous.

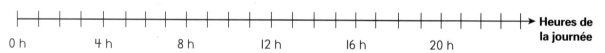

0 h   4 h   8 h   12 h   16 h   20 h   Heures de la journée

b) Situe les activités de la journée de Karine sur cette ligne du temps.

Je m'exerce

1. Reproduis la ligne du temps ci-dessous. Situe sur cette ligne cinq activités importantes de ta journée d'hier.

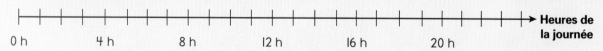

0 h   4 h   8 h   12 h   16 h   20 h   Heures de la journée

2. Reproduis la ligne du temps ci-dessous. Situe sur cette ligne cinq événements importants survenus dans ta vie.

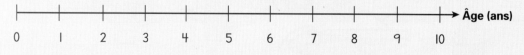

0   1   2   3   4   5   6   7   8   9   10   Âge (ans)

Activité 2 • À l'écoute de son cœur

Karine a pris son pouls cinq fois dans la journée. Elle a représenté les résultats par le diagramme à ligne brisée ci-contre.

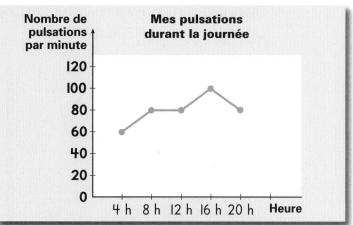

a) Selon toi, le pouls de Karine est-il régulier tout le long de la journée ? Explique ta réponse.

b) À quel moment de la journée son pouls est-il

  1) le plus rapide ?   2) le plus lent ?

  Comment expliques-tu cette différence ?

c) Combien de pulsations par minute Karine a-t-elle

  1) à 8 h ?   2) à 12 h ?

  Que remarques-tu ?

Pour illustrer des données recueillies au fil du temps, on utilise un diagramme à ligne brisée.

Je m'exerce

Karine a pris son pouls lundi, mardi et mercredi. Voici les résultats.

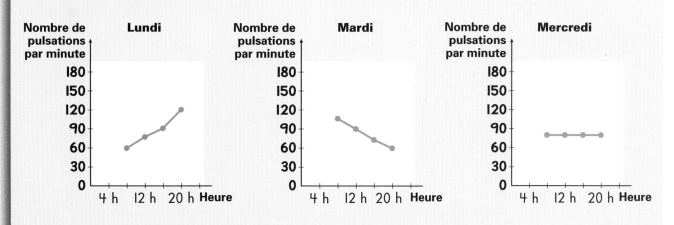

Compare les résultats des trois journées. En quoi sont-ils différents ?

Activité 3 • Des hauts et des bas

Vincent a évalué son degré de bien-être pendant une journée.
Il a utilisé une échelle de 0 à 10.

Ça vaut au moins un 9 !

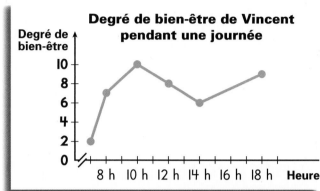

Degré de bien-être de Vincent pendant une journée

a) Dans quel état Vincent se trouvait-il à 8 h ?

b) À quel moment se sentait-il le mieux ?

c) Comment son degré de bien-être a-t-il changé durant la journée ? Décris ces changements.

d) Pour répondre aux questions **a)** à **c)**, as-tu préféré consulter le **tableau** ou le diagramme à ligne brisée ? Explique ta réponse.

Degré de bien-être de Vincent pendant une journée

Heure	Degré de bien-être (de 0 à 10)
7 h	2
8 h	7
10 h	10
12 h	8
14 h	6
18 h	9

Je m'exerce

Observe les diagrammes à ligne brisée ci-dessous.
Décris le degré de bien-être ressenti par Suzie tout le long de la fin de semaine.

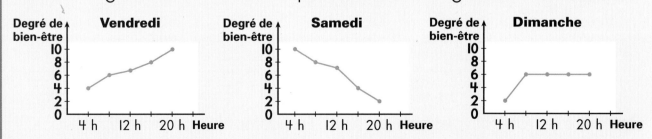

1. Classe les dates suivantes par ordre chronologique.

20 juin	5 avril	15 août
11 octobre	10 septembre	30 novembre
3 décembre	11 février	1er juin
31 janvier	19 avril	17 décembre

2. Observe le diagramme à ligne brisée ci-dessous.

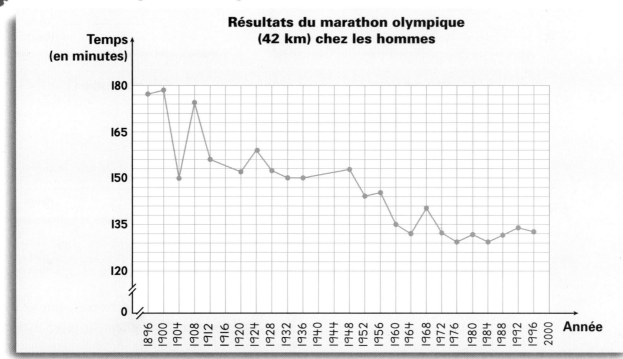

Résultats du marathon olympique
(42 km) chez les hommes

a) Quel est le sujet de ce diagramme ?

b) Les performances des athlètes se sont-elles améliorées au fil des années ?

c) Entre quels Jeux olympiques consécutifs la différence entre les performances est-elle la plus grande ?

d) D'après toi, en combien de temps environ le marathon olympique a-t-il été couru en l'an 2000 ?

3 Associe à chaque situation le diagramme à ligne brisée correspondant.

Situation 1

Suzie est très malade.
Elle prend un médicament pour faire baisser sa fièvre.
Sa fièvre diminue.

Diagramme A

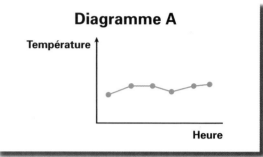

Situation 2

Simon éternue, mais il n'a pas de fièvre. Sa température reste assez stable.

Diagramme B

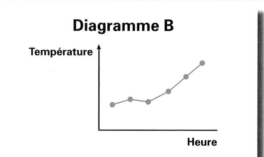

Situation 3

Dorothée a pris froid.
Sa température ne cesse d'augmenter.

Diagramme C

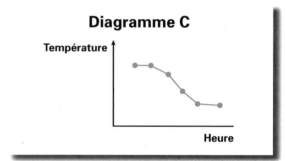

4 Décris la situation correspondant à chacune des illustrations ci-dessous.

1) **Score des six dernières parties**

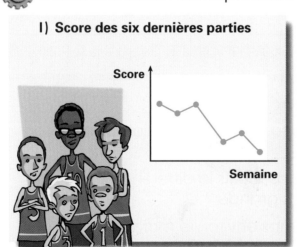

2) **Temps des cinq dernières courses de l'équipe d'athlétisme au relais 400 m**

5 Raoul et Laurent notent le nombre d'activités physiques qu'ils font en dehors de l'école. Voici le diagramme à ligne brisée obtenu avec leurs résultats.

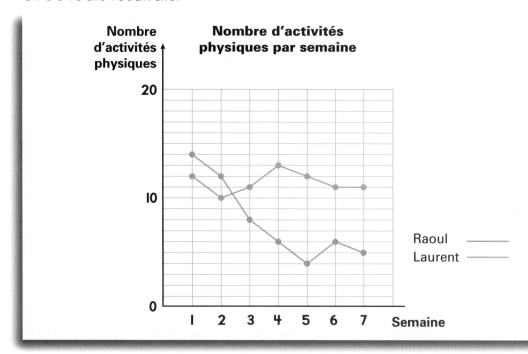

Nombre d'activités physiques par semaine

Nombre d'activités physiques

a) Pendant combien de semaines Raoul et Laurent ont-ils noté leurs résultats ?

b) Ont-ils noté les résultats sur une base quotidienne, hebdomadaire ou mensuelle ?

c) Qui a effectué le plus grand nombre d'activités physiques pendant les sept semaines ?

d) Quelle semaine la différence a-t-elle été la plus grande entre les résultats de Raoul et ceux de Laurent ?

e) Compare les résultats de Raoul et de Laurent.

Je suis capable

Observe le diagramme à ligne brisée ci-dessous.

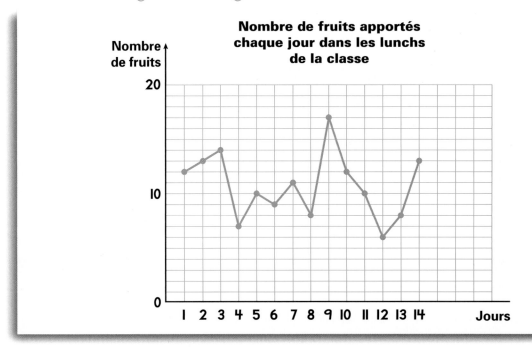

Nombre de fruits apportés chaque jour dans les lunchs de la classe

a) Sur quelle période de temps le sondage a-t-il été effectué ?

b) Le troisième jour, combien de fruits ont été apportés dans les lunchs ?

c) Quel jour y a-t-il eu le plus de fruits ?

d) En tout, combien de fruits ont été apportés pendant toute la durée du sondage ?

e) Quelles conclusions tires-tu des résultats du sondage ?

Le diagramme à ligne brisée

Voici les différentes composantes d'un diagramme à ligne brisée.

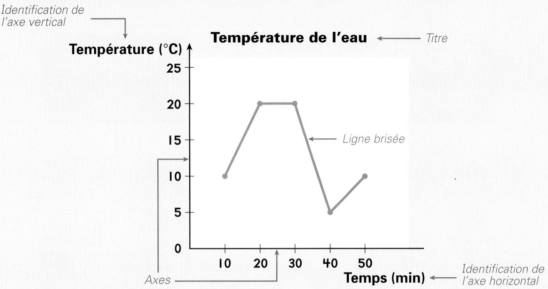

Identification de l'axe vertical

Température (°C)

Température de l'eau ← *Titre*

Ligne brisée

Temps (min) ← *Identification de l'axe horizontal*

Axes

Pour illustrer des données recueillies au fil du temps, on utilise un diagramme à ligne brisée.

Dans ma vie

Il y a de nombreux diagrammes à ligne brisée dans les journaux, dans les revues, à la télévision et dans Internet.

Choisis un diagramme et essaie de comprendre l'information qu'il transmet.

MES RÉSULTATS SCOLAIRES

RÉSULTATS

MOIS

Le labo du hasard 3

Mets toutes les chances de ton côté !

Dans chaque atelier, tu devras faire des prédictions et remplir un tableau.

Atelier 1 • À vos marques...

Nombre de joueurs et de joueuses

Départ

Deux.

Matériel

- Deux jetons
- Deux dés ordinaires
- La piste de course ci-contre
- Un tableau des résultats

Objectif

- Prédire combien de lancers il faudra pour atteindre la case Arrivée.

Marche à suivre

- Chaque personne prédit le nombre de lancers qu'il lui faudra pour atteindre l'arrivée et note sa prédiction dans le tableau.

Arrivée

- À tour de rôle, les joueurs et les joueuses lancent les dés et avancent leur jeton selon le nombre de points indiqué par les dés.

- La première personne qui atteint l'arrivée gagne la partie.

 Joue cinq parties avec un ou une camarade.
Après chaque partie, note dans le tableau qu'on te remet le nombre de lancers dont tu as eu besoin.

Prénoms	Prédictions					Résultats				
	Nombre de lancers nécessaire					Nombre de lancers nécessaire				

Atelier 2 • Place aux bolides

Nombre de joueurs et de joueuses

Six.

Matériel

- Six jetons
- Deux dés ordinaires
- La piste de course ci-contre
- Un tableau des résultats

Marche à suivre

- Chaque personne prédit quel bolide sera le plus rapide et lequel sera le plus lent, puis note ses prédictions dans le tableau.

- Chaque joueur ou joueuse choisit un des bolides.

- Une personne lance les dés.

- La somme des points sur les dés détermine le numéro du bolide qui avance d'une case.

- Le bolide qui franchit la ligne d'arrivée le premier a gagné.

Somme des points	Bolide à déplacer d'une case
2 ou 12	Bolide 212
3 ou 11	Bolide 311
4 ou 10	Bolide 410
5 ou 9	Bolide 59
6 ou 8	Bolide 68
7	Bolide 7

 Joue une partie avec des camarades. Après la partie, note les résultats dans le tableau qu'on te remet.

	Prédictions		Résultats	
Prénoms	Bolide le plus rapide	Bolide le plus lent	Bolide le plus rapide	Bolide le plus lent

Atelier 3 • Jouons aux cartes

Nombre de joueurs et de joueuses

Quatre.

Matériel

Les cartes ci-contre

Marche à suivre

- Bien mélanger les cartes, puis les étendre au centre de la table, face cachée.

- À tour de rôle, les joueurs et les joueuses choisissent une prédiction parmi celles du tableau ci-dessous.

- Une carte est tirée au hasard du paquet.

- Quand le résultat du tirage correspond à la prédiction d'une personne, on encercle sa prédiction.

- La personne gagnante est celle qui a le plus de prédictions encerclées.

 Joue cinq parties avec des camarades.

Prédictions	Prénoms			
	___	___	___	___
Carte de cœur				
Carte de carreau				
Carte de trèfle				
Carte de pique				
Carte affichant un nombre pair				
Carte affichant un nombre impair				
Carte de couleur noire				
Carte affichant un nombre inférieur à 7				

Retour sur les ateliers

À l'aide des données recueillies dans les tableaux de la classe, réponds aux questions suivantes.

a) Dans l'**Atelier 1,** semble-t-il plus probable d'atteindre l'arrivée avec moins de 10 lancers ou avec plus de 10 lancers ?

b) Dans l'**Atelier 2,** un bolide semble-t-il plus rapide que les autres ? Si oui, lequel ? Avec quel bolide est-il moins probable de gagner ? Explique ta réponse.

c) Dans l'**Atelier 3,** est-il plus probable qu'une des prédictions se réalise ? Si oui, laquelle ? Explique ta réponse.

Je m'exerce

1. a) Quelle serait ta prédiction quant au nombre de points obtenus si on lançait un dé ordinaire ? Et si on lançait deux dés ordinaires ? Explique ton choix.

b) Fais l'expérience plusieurs fois, en lançant un dé, puis deux dés. Dans chaque cas, combien de fois ta prédiction s'est-elle réalisée ?

2. a) La grille ci-dessous permet de représenter toutes les sommes qu'on peut obtenir en lançant deux dés. Complète la grille qu'on te remet.

b) Charlotte et Sébastien lancent deux dés. Dans le cas de chacune des parties ci-dessous, précise s'il est plus probable que Charlotte ou que Sébastien gagne.

+	•	••	•••	••••	•••••	••••••
•	2	3	4			
••	3	4				
•••	4					
••••						
•••••						
••••••						

Partie 1 Charlotte gagne si la somme est 4.
Sébastien gagne si la somme est 9.

Partie 2 Charlotte gagne si la somme est 2.
Sébastien gagne si la somme est 12.

Partie 3 Charlotte gagne si la somme est 7.
Sébastien gagne si la somme est 8.

L'expérimentation d'activités liées au hasard

Expérimenter des activités liées au hasard permet de mieux comprendre le hasard.

Ainsi, lancer un dé, jouer à la loterie ou tirer un nom parmi plusieurs dans un sac sont des activités liées au hasard.

Par contre, quand on joue aux fléchettes, aux cartes ou aux échecs, on participe à des activités qui exigent de l'adresse ou de la stratégie.

Lorsqu'on expérimente des activités liées au hasard, on rencontre des événements plus probables ou moins probables que d'autres, ou également probables.

Exemple : Lorsqu'on lance deux dés, il est plus probable d'obtenir une somme de **7** qu'une somme de **12.**

Dans ma vie

Dans certains jeux où le hasard intervient, ce n'est pas toujours uniquement lui qui détermine la personne gagnante.

Et toi, dans quelles situations le hasard intervient-il ?

Je fais le point 3

Nombres

J'en ai appris davantage sur les fractions.

Opérations

J'ai appris à multiplier et à diviser un nombre de deux chiffres par un nombre de un chiffre.

Mesure

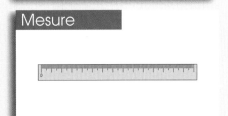

J'ai appris à déterminer le périmètre d'un polygone.

Géométrie

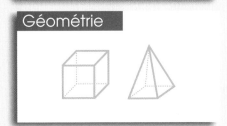

J'ai appris à décrire des solides, en particulier les prismes et les pyramides.

Statistique

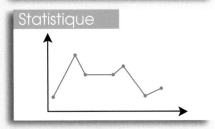

J'ai appris à interpréter un diagramme à ligne brisée.

Probabilité

En faisant des expérimentations, j'ai appris à déterminer si un événement est plus probable ou moins probable qu'un autre.

Étape 4

Chaque chose à sa place

Situation-problème **Des invitations**

Dans l'entrée de l'immeuble, Joyce distribue des invitations pour la fête de l'école. Elle en dépose une à toutes les trois boîtes aux lettres.

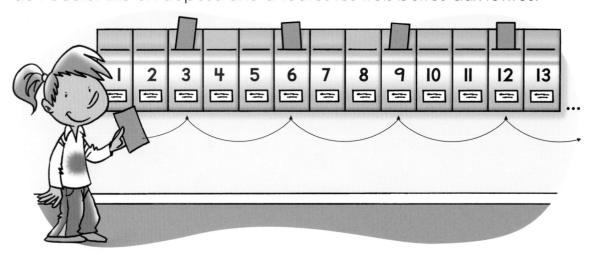

Pour sa part, Léon distribue des invitations pour le concert de la chorale. Il en dépose une à toutes les quatre boîtes aux lettres.

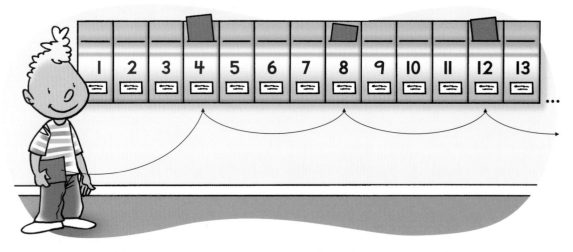

Au total, il y a 50 boîtes aux lettres, numérotées de 1 à 50.

a) Qui distribuera le plus d'invitations ? Explique ta réponse.

b) Dans quelles boîtes aux lettres trouvera-t-on les deux invitations ?

Joyce et Léon auraient préféré qu'un plus grand nombre de boîtes aux lettres reçoivent les deux invitations.

Voici les deux consignes que les deux camarades devaient respecter.

> **l.** Ne pas déposer une invitation dans chaque boîte aux lettres.
>
> **2.** Ne pas distribuer les invitations en suivant la même régularité pour chacune (toutes les deux boîtes aux lettres dans les deux cas, par exemple).

c) De quelle façon Joyce et Léon auraient-ils dû distribuer les invitations pour atteindre leur objectif ?

Activité 1 • Les bouquets de Florence

Florence fait des bouquets en plaçant des fleurs dans les vases représentés ci-dessous. Les vases sont désignés par les nombres naturels de 0 à 29.

En mathématique, on appelle
nombres naturels
les nombres suivants :
0, 1, 2, 3, 4, 5, 6, 7, 8, 9, 10, 11, ...

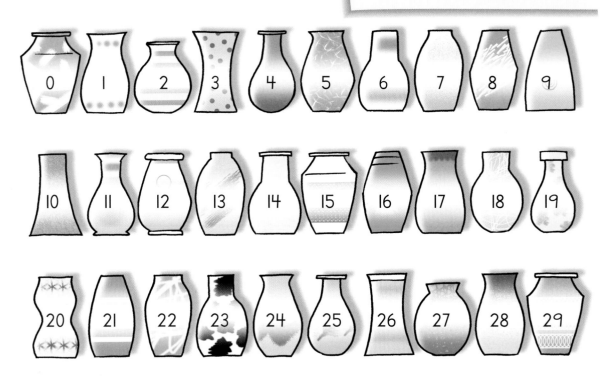

En commençant toujours par le vase 0, Florence dépose dans les vases une fleur de chaque couleur en respectant les règles suivantes.

- Une fleur blanche dans chaque vase.

- Une fleur orange tous les 6 vases.

- Une fleur rouge tous les 2 vases.

- Une fleur violette tous les 7 vases.

- Une fleur bleue tous les 3 vases.

- Une fleur rose tous les 8 vases.

- Une fleur verte tous les 4 vases.

- Une fleur noire tous les 9 vases.

- Une fleur jaune tous les 5 vases.

- Une fleur turquoise tous les 10 vases.

a) Représente chacun des bouquets sur la feuille qu'on te remet.

b) Réponds aux questions suivantes.

1) Quels vases contiennent des fleurs rouges ? Aux multiples de quel nombre les nombres associés à ces vases correspondent-ils ? Quel autre nom donne-t-on à ces multiples ?

2) Dans quel vase y a-t-il le plus de fleurs ?

3) Tous les vases contenant une fleur verte contiennent-ils aussi une fleur rouge ? Explique ta réponse.

4) Est-ce possible de trouver dans le même vase une fleur rose et une fleur orange ? Explique ta réponse.

On obtient des multiples d'un nombre en multipliant ce dernier par chacun des nombres naturels.

Exemple : Voici des multiples de 4.

		Nombres naturels		Multiples de 4
4	×	0	=	0
4	×	1	=	4
4	×	2	=	8
4	×	3	=	12
4	×	4	=	16
4	×	5	=	20
4	×	6	=	24
4	×	7	=	28
4	×	8	=	32
		...		...

As-tu remarqué qu'on obtient une table de multiplication de ce nombre ?

Je m'exerce

1. Donne huit multiples de chacun des nombres suivants.

a) 3 **b)** 5 **c)** 6 **d)** 8 **e)** 9

2. Parmi les multiples que tu as trouvés au numéro **1**, lesquels sont à la fois des multiples

a) de 3 et de 6 ? **c)** de 3 et de 8 ? **e)** de 8 et de 9 ?

b) de 6 et de 8 ? **d)** de 6 et de 9 ?

Activité 2 • Les albums de Marie

Marie conserve toutes ses photographies dans 144 albums, numérotés de 1 à 144.

1. Voici comment elle commence le rangement de ses albums.

    a) Combien de piles fera-t-elle ?

    b) Quel est le numéro de l'album qui se trouve au bas de chacune des piles ?

2. Combien de piles y aurait-il et quel serait le numéro de l'album se trouvant au bas de chaque pile si Marie faisait des piles de

    a) 16 albums ?   **b)** 18 albums ?   **c)** 24 albums ?

3. Dans quelle pile se trouverait l'album numéroté 97 si Marie faisait des piles de

    a) 6 albums ?   **b)** 9 albums ?   **c)** 36 albums ?

Je m'exerce

1. Donne six multiples de chacun des nombres suivants.

    a) 13   **b)** 15   **c)** 23   **d)** 37

2. Trouve un nombre (autre que 0) qui est à la fois un multiple

    a) de 6 et de 8 ;   **b)** de 12 et de 15 ;   **c)** de 24 et de 36 ;   **d)** de 4 et de 13.

1 À l'aide de la table de multiplication ci-contre, trouve

a) 3 multiples communs aux nombres : 3 et 4 ;

b) quel nombre naturel est multiple de tous les nombres.

×	0	1	2	3	4	5	6	7	8	9	10
0	0	0	0	0	0	0	0	0	0	0	0
1	0	1	2	3	4	5	6	7	8	9	10
2	0	2	4	6	8	10	12	14	16	18	20
3	0	3	6	9	12	15	18	21	24	27	30
4	0	4	8	12	16	20	24	28	32	36	40
5	0	5	10	15	20	25	30	35	40	45	50
6	0	6	12	18	24	30	36	42	48	54	60
7	0	7	14	21	28	35	42	49	56	63	70
8	0	8	16	24	32	40	48	56	64	72	80
9	0	9	18	27	36	45	54	63	72	81	90
10	0	10	20	30	40	50	60	70	80	90	100

2 Voici une piste de course particulière.

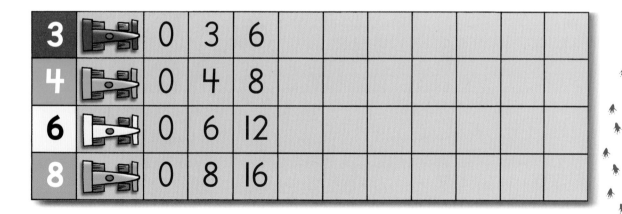

a) Sur la feuille qu'on te remet, continue pour chaque voiture la liste des multiples correspondant à son numéro.

b) Si les quatre voitures s'arrêtent lorsqu'elles atteignent toutes le même multiple (sauf 0), quelle voiture sera alors

1) en première position ? 2) en dernière position ?

3 Quel est le nombre dont les multiples occupent

a) la moitié de la grille ?

b) le quart de la grille ?

c) le dixième de la grille ?

d) les vingt centièmes de la grille ?

0	1	2	3	4	5	6	7	8	9
10	11	12	13	14	15	16	17	18	19
20	21	22	23	24	25	26	27	28	29
30	31	32	33	34	35	36	37	38	39
40	41	42	43	44	45	46	47	48	49
50	51	52	53	54	55	56	57	58	59
60	61	62	63	64	65	66	67	68	69
70	71	72	73	74	75	76	77	78	79
80	81	82	83	84	85	86	87	88	89
90	91	92	93	94	95	96	97	98	99

4 Le nombre mystère.

8   32   24

42   16   48

56   84   36

Lequel des nombres ci-dessus possède **tous** les attributs suivants ?

- Je suis un multiple de 6.
- Je suis un multiple de 4.
- Je suis un multiple de 8.
- Je suis le double d'un des nombres présentés.

5 Une course cycliste est longue de 100 kilomètres. On trouve un poste de ravitaillement en eau tous les 6 kilomètres et un poste de secours tous les 8 kilomètres.

a) Y a-t-il plus de postes de ravitaillement en eau ou de postes de secours ? Explique pourquoi.

b) Combien de postes de ravitaillement y a-t-il ? Et de postes de secours ?

c) Y a-t-il des postes de ravitaillement et des postes de secours qui sont situés au même endroit ? Si oui, combien ?

d) Au kilomètre 34, combien de kilomètres doit-on parcourir avant d'atteindre le prochain poste de ravitaillement ?

e) À la moitié du parcours, à combien de kilomètres se trouve le poste de secours le plus proche ?

6 Jonathan s'amuse à regrouper des cubes.

S'il les groupe par 2, 3, 6 ou 7,
il ne lui en reste aucun.

S'il les groupe par 4 ou 5,
il lui en reste 2.

Combien de cubes y a-t-il ?

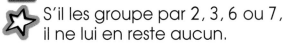

Je suis capable

Belleville et Grandeville sont situées à 96 kilomètres l'une de l'autre.
L'autobus qui les relie s'arrête tous les 12 kilomètres.

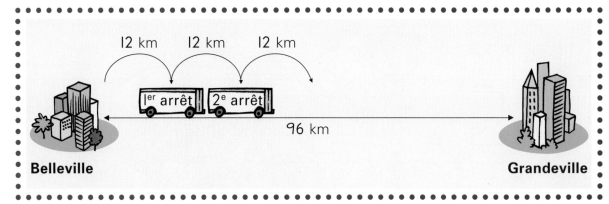

a) Combien d'arrêts l'autobus fera-t-il ?

b) À combien de kilomètres de Belleville chacun des arrêts est-il situé ?

c) Quel nom peux-tu donner aux nombres énumérés en **b)** ?

Les multiples

En mathématique, on appelle nombres naturels les nombres suivants :
0, 1, 2, 3, 4, 5, 6, 7, 8, 9, 10, 11, 12, …

On obtient des multiples d'un nombre en multipliant ce dernier par chacun des nombres naturels.

Exemples :

- Voici une liste de multiples de 6 :
  0, 6, 12, 18, 24, 30, 36, 42, 48, 54, 60, 66, …

- Voici une liste de multiples de 8 :
  0, 8, 16, 24, 32, 40, 48, 56, 64, 72, 80, 88, …

		Nombres naturels		Multiples de 6
6	×	0	=	0
6	×	1	=	6
6	×	2	=	12
6	×	3	=	18
6	×	4	=	24
6	×	5	=	30
6	×	6	=	36
6	×	7	=	42
		…		…

Dans ma vie

On utilise souvent les multiples d'un nombre naturel pour dénombrer une grande quantité d'objets, par exemple en les comptant par 2 ou par 5.

Quels objets t'arrive-t-il de dénombrer en procédant ainsi ?

Situation-problème

Mise en boîte

Pour amasser de l'argent, Manu et Mélina décident de fabriquer des boîtes décoratives dans lesquelles on pourra ranger des objets.

Forme une équipe avec un ou une camarade. Ensemble,

1. déterminez à quoi servira votre boîte ;

2. dessinez un plan sur un carton en y indiquant les mesures nécessaires ;

3. estimez les coûts qu'entraînera la fabrication de la boîte ;

4. construisez votre boîte.

Sur un morceau de carton, Manu et Mélina ont dessiné le plan d'une boîte à bijoux. Selon leurs estimations, le coût de fabrication de la boîte devrait être de 5 $ environ.

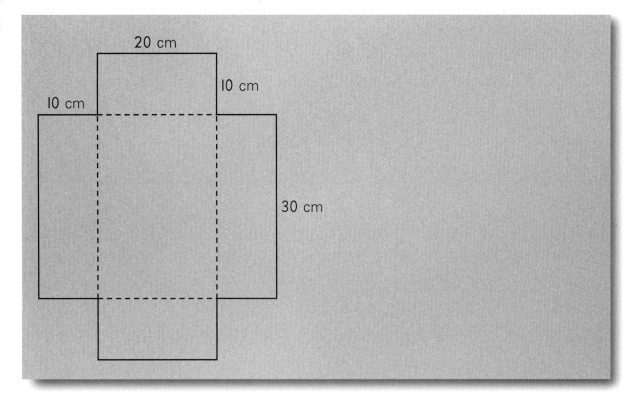

a) Selon toi, à quel prix devrait-on vendre cette boîte ?
   Explique ta réponse.

b) Comment modifierais-tu le plan pour que tu puisses fermer la boîte ?

Activité 1 • La tente de Victor

L'activité préférée de Victor est le camping.
Afin de représenter sa tente, il a dessiné
toutes les faces qu'elle comporte.

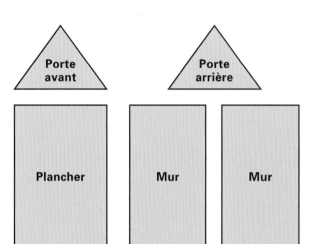

a) La tente a la forme d'un prisme. De quel prisme s'agit-il ?

b) Combien de faces, de sommets et d'arêtes ce prisme a-t-il ?

c) À ton tour, dessine toutes les faces

    1) d'un cube ;   **3)** d'une pyramide à base carrée.

    2) d'un prisme à base carrée ;

Je m'exerce

1. Dans la classe, cherche des objets ayant la forme d'un prisme ou d'une pyramide. Comme Victor l'a fait pour sa tente, représente-les en dessinant leurs faces.

2. Dessine toutes les faces de chacun des solides ci-dessous.

a)

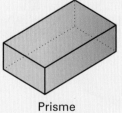

Prisme
à base rectangulaire

b)

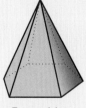

Pyramide
à base hexagonale

c)

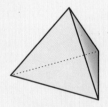

Pyramide
à base triangulaire

Activité 2 • Culbutes d'un cube

Sergio a **développé** un cube afin de mieux voir ses différentes faces.

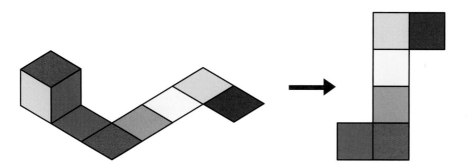

Faire le développement d'un solide consiste à *mettre* l'enveloppe de ce solide *à plat*.

Pour développer un solide, place-le sur une feuille blanche, puis fais-le culbuter sur ses arêtes et reproduis le contour de chacune de ses faces.

a) Dessine trois autres développements possibles d'un cube.

b) Dessine un développement possible pour chacun des solides ci-dessous.

Attention !

- Tu ne dois pas reproduire deux fois la même face.

- Le solide peut culbuter plus d'une fois au même endroit, seulement si l'on veut revenir en arrière.

Pour t'aider, utilise un dé.

I)

Prisme
à base triangulaire

2)

Prisme
à base carrée

3)

Pyramide
à base carrée

Je m'exerce

Parmi les développements ci-dessous, lesquels sont des développements

a) de prismes ?   **b)** de pyramides ?

I)

2)

3)

4)

5)

6)

Activité 3 • La tente d'Anne

Anne possède une tente qui a la forme d'un prisme à base triangulaire. Voici comment elle a représenté son développement.

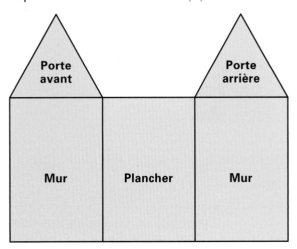

 Le développement est-il correctement dessiné ? Explique ta réponse.

Je m'exerce

 Découpe les polygones sur la feuille qu'on te remet. Avec du papier adhésif, assemble les polygones pour construire le développement de chacun des solides indiqués ci-dessous.

a) Un prisme à base triangulaire.

c) Un prisme à base rectangulaire.

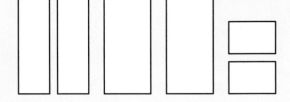

b) Une pyramide à base carrée.

d) Une pyramide à base pentagonale.

Je m'entraîne

1 À main levée, dessine les faces

a) d'un prisme à base carrée ;

b) d'un prisme à base pentagonale ;

c) d'une pyramide à base triangulaire ;

d) d'une pyramide à base hexagonale.

2 Dans chacun des cas suivants, précise le nom du prisme ou de la pyramide que tu peux construire avec les faces données.

a)

b)

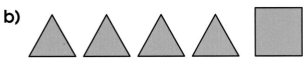

c)

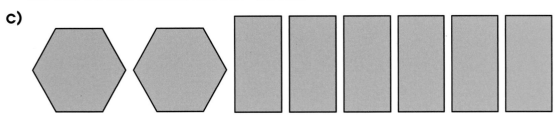

3 Parmi les illustrations ci-dessous, lesquelles représentent le développement d'un prisme ou d'une pyramide ? Explique ta réponse.

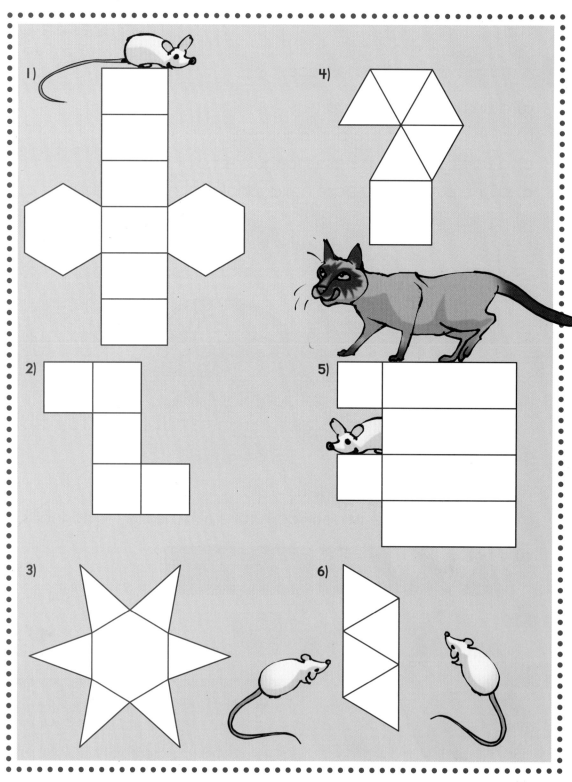

1)

2)

3)

4)

5)

6)

4 Observe l'illustration ci-dessous.

a) À quel endroit pourrait-on placer le sixième carré pour former le développement d'un cube ?

b) Compare ta réponse avec celle d'un ou d'une camarade. Avez-vous donné la même réponse ?

c) Y a-t-il plusieurs développements possibles d'un cube ?

5 En faisant culbuter une pyramide à base carrée sur ses arêtes, Marco a construit trois développements différents. Dans chaque cas, il manque une face au développement de la pyramide. Sur la feuille qu'on te remet, dessine cette face au bon endroit.

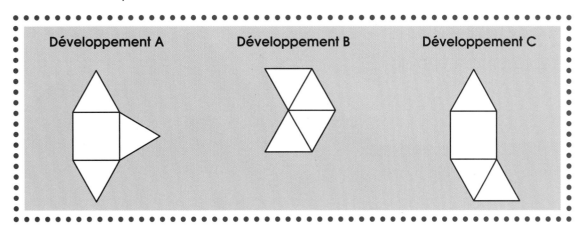

6 Voici le développement d'un cube.

À quel cube ce développement correspond-il ?

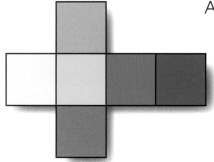

A   B   C   D

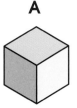 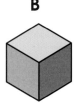  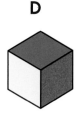

7 Voici le développement d'un prisme à base carrée.

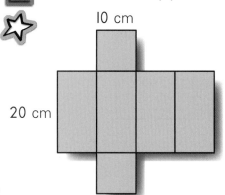

10 cm

20 cm

Le périmètre du développement du prisme est-il supérieur, inférieur ou égal à la somme des mesures de ses arêtes ?

Explique ta réponse.

Je suis capable

Au cours des siècles, l'être humain a réalisé des constructions extraordinaires, dont les grandes pyramides d'Égypte.

- Dans Internet ou n'importe quelle autre source, trouve de l'information à propos de ces pyramides.

- Construis ensuite un développement représentant une de ces pyramides.

Les développements de prismes et de pyramides

Faire le développement d'un solide consiste à *mettre* l'enveloppe de ce solide *à plat*. Dans le développement d'un solide, toutes les faces sont reliées entre elles, ce qui permet de reconstruire le solide.

Voici un développement possible d'un cube.

    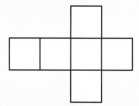

Voici un développement possible d'un **prisme à base carrée.**

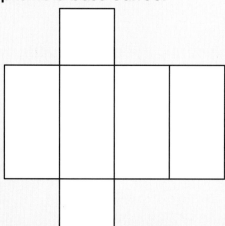

Voici un développement possible d'une **pyramide à base carrée.**

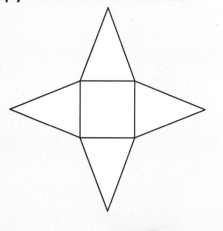

Dans ma vie

Il est très pratique de *développer* des boîtes de carton pour les ranger.

Selon toi, à quoi peuvent te servir tes connaissances sur les développements de prismes et de pyramides ?

24 Amusons-nous !

Situation-problème **Cartes sur table !**

Pour jouer au Tricheur, il faut un jeu de 52 cartes. Il peut y avoir de 2 à 10 joueurs et joueuses. Au début du jeu, on distribue les cartes, et chaque personne doit recevoir le même nombre de cartes.

Selon le nombre de personnes, il faut parfois retirer un certain nombre de cartes du paquet avant de les distribuer. On retire toujours le moins de cartes possible.

a) En fonction du nombre de personnes qui jouent (3, 4, 5, etc.), détermine si l'on doit ou non retirer des cartes du paquet.

b) Si c'est le cas, combien faut-il en retirer?

c) Dans chaque cas, combien de cartes chaque personne recevra-t-elle au début de la partie?

Je compte sur toi pour ne pas me laisser tomber.

Remplis le tableau qu'on te remet.

Nombre de personnes	Faut-il retirer des cartes? (Oui ou non)	Nombre de cartes à retirer	Nombre de cartes que recevra chaque personne
2	Non	–	26
3			
4			
5			
6			
7			
8			
9			
10			

Activité 1 • En attendant...

Dans une salle d'attente, Ali joue avec des petits jetons en attendant qu'on l'appelle. Il fait des arrangements rectangulaires. Il s'aperçoit qu'il peut trouver ainsi les différents diviseurs d'un nombre naturel.

Voici ce qu'il a fait pour les nombres de 1 à 12.

Nombres	Arrangements rectangulaires possibles	Diviseurs
1		1
2		1 et 2
3		1 et 3
4		1, 2 et 4
5		1 et 5
6		1, 2, 3 et 6
7		1 et 7
8		1, 2, 4 et 8
9		1, 3 et 9
10		1, 2, 5 et 10
11		1 et 11
12		1, 2, 3, 4, 6 et 12

a) Fais équipe avec un ou une camarade pour dresser la liste des diviseurs des nombres naturels de 13 à 36, en utilisant la méthode d'Ali.

Un nombre naturel qui divise entièrement un autre nombre naturel est appelé un diviseur de ce nombre.

Exemple : 3 est un diviseur de 12, car il divise entièrement le nombre 12.

La liste des diviseurs de 12 est : **1, 2, 3, 4,** 6 et **12**.

b) Comparez vos listes avec celles d'autres élèves de la classe. Avez-vous oublié des diviseurs ? Relevez les différences et les ressemblances entre les listes.

Je m'exerce

Dresse la liste des diviseurs de chacun des nombres naturels de 37 à 50.

Activité 2 • À chacun sa liste

Tout nombre naturel a une liste de diviseurs qui lui est propre.

a) Voici la liste des diviseurs d'un nombre naturel : 1, 2, 3, 6, 9, 18, 27, 54.

    1) À quel nombre cette liste de diviseurs correspond-elle ?

    2) Explique comment tu as trouvé ce nombre.

b) Les listes de diviseurs ci-dessous sont incomplètes.
    Pour chacune d'elles, trouve

    1) les diviseurs manquants ;

    2) le nombre auquel chaque liste correspond.

Liste de diviseurs	Nombre correspondant
Liste A : ☐, 2, ☐, 8, 16, 32, 64	☐
Liste B : ☐, 89	☐
Liste C : 1, 2, ☐, ☐, 5, 6, ☐, 12, 15, ☐, 30, ☐	☐
Liste D : 1, ☐, 4, 5, ☐, 20, 25, ☐, ☐	☐
Liste E : ☐, 3, ☐, 27, 81	☐
Liste F : 1, 3, ☐, ☐, 25, ☐	☐

c) Dans chacune des listes du tableau, y a-t-il un diviseur qui est toujours présent ? Explique pourquoi il en est ainsi.

Je m'exerce

1. Trouve trois nombres naturels compris entre 90 et 100 qui se suivent et qui ont chacun quatre diviseurs.

2. Dans le tableau que tu as complété, on remarque que le nombre 60 a 12 diviseurs. Trouve un autre nombre naturel inférieur à 100 qui a 12 diviseurs.

 À l'aide de la table de multiplication ci-dessous, trouve

×	0	1	2	3	4	5	6	7	8	9	10
0	0	0	0	0	0	0	0	0	0	0	0
1	0	1	2	3	4	5	6	7	8	9	10
2	0	2	4	6	8	10	12	14	16	18	20
3	0	3	6	9	12	15	18	21	24	27	30
4	0	4	8	12	16	20	24	28	32	36	40
5	0	5	10	15	20	25	30	35	40	45	50
6	0	6	12	18	24	30	36	42	48	54	60
7	0	7	14	21	28	35	42	49	56	63	70
8	0	8	16	24	32	40	48	56	64	72	80
9	0	9	18	27	36	45	54	63	72	81	90
10	0	10	20	30	40	50	60	70	80	90	100

a) quatre diviseurs de 12 ;

b) quatre diviseurs de 24 ;

c) trois diviseurs de 16 ;

d) trois diviseurs de 36.

2 Pierre souhaite partager ses 96 billes en groupes ayant le même nombre de billes.

a) Combien de possibilités y a-t-il ?

b) Quelles sont toutes ces possibilités ? Dans chaque cas, précise combien de billes il y aura dans chaque groupe.

3 Trouve trois nombres inférieurs à 21 qui ont quatre diviseurs en commun.

4 Le nombre 4 a trois diviseurs : 1, 2 et 4. Trois autres nombres naturels inférieurs à 50 ont exactement trois diviseurs.
Quels sont ces trois nombres ?

5 Nicolas a un nombre de cubes compris entre 25 et 35 inclusivement. Il y a quatre façons différentes de les disposer dans un arrangement rectangulaire.

a) Combien de cubes Nicolas possède-t-il ?

b) Dessine les quatre arrangements rectangulaires possibles.

6 Dans la cour de l'école, des élèves forment des équipes.
Chaque équipe doit comporter le même nombre de personnes.
Voici toutes les possibilités.

Nous pouvons former 3 équipes...

... ou 2 équipes.

... ou 4 équipes.

... ou 6 équipes.

a) Combien de personnes y a-t-il au total ?

b) Combien de personnes y aura-t-il dans chaque équipe si l'on forme

1) 2 équipes ?

2) 3 équipes ?

3) 4 équipes ?

4) 6 équipes ?

7 Luce a gagné 89 pièces de 1 $.
Elle décide de partager également
avec ses camarades les pièces
qu'elle a gagnées.

Peut-elle y arriver, peu importe
le nombre de camarades ?

Si oui, combien de pièces chaque
personne recevrait-elle ?

Sinon, explique pourquoi
un partage égal n'est pas possible.

8 Voici 36 carrés-unités.

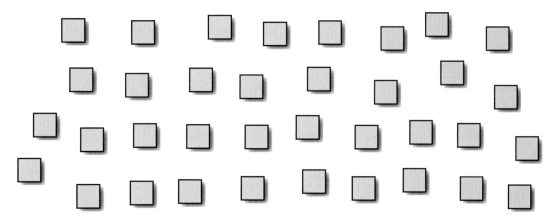

a) De combien de façons différentes peut-on les disposer
en formant chaque fois des arrangements rectangulaires différents ?

b) Avec quel arrangement le périmètre est-il le plus petit ?
Quel est ce périmètre ?

9 Voici des listes de diviseurs erronées. Dresse à nouveau chaque liste
en la corrigeant.

1) Diviseurs de 18 : 1, 2, 3, 4, 6, 9, 18.

2) Diviseurs de 41 : 1, 3, 17, 41

3) Diviseurs de 56 : 1, 2, 4, 6, 8, 14, 28, 56.

4) Diviseurs de 64 : 1, 2, 4, 6, 8, 12, 16, 32, 64.

5) Diviseurs de 75 : 1, 3, 25, 75.

10 Pour déterminer si un nombre naturel est abondant, déficient ou parfait, on doit d'abord additionner ses diviseurs **propres** (c'est-à-dire tous ses diviseurs, sauf le nombre lui-même).

Ensuite, on doit comparer la somme obtenue avec le nombre lui-même de la façon suivante.

Exemples :

Nombre abondant

Les diviseurs de 12 sont

1, 2, 3, 4, 6 et 12.

16 > 12

Alors 12 est un nombre abondant.

Nombre déficient

Les diviseurs de 9 sont

1, 3 et 9.

4 < 9

Alors 9 est un nombre déficient.

Nombre parfait

Les diviseurs de 6 sont

1, 2, 3 et 6.

6 = 6

Alors 6 est un nombre parfait.

Pour chacun des nombres suivants, précise s'il est abondant, déficient ou parfait.

a) 8   **b)** 15   **c)** 20   **d)** 28   **e)** 48

11 Parmi tous les nombres naturels de 2 à 100, lequel a la somme des diviseurs propres la plus grande ?

12 Certains nombres naturels ont un nombre impair de diviseurs.

a) Donne quelques exemples de nombres ayant cet attribut.

b) Qu'ont de particulier ces nombres ?

Je suis capable

Pablo range ses livres dans sa nouvelle bibliothèque. Il veut avoir le même nombre de livres par tablette et il ne peut pas ranger tous ses livres sur une même tablette. Voici toutes les possibilités.

Nombre de livres par tablette	Nombre de tablettes vides
9	Aucune
12	2
18	4
24	5
36	6

a) Combien de livres Pablo possède-t-il ?

b) Combien de tablettes sa bibliothèque comprend-elle ?

Clic

Les diviseurs d'un nombre naturel

Un nombre naturel qui divise entièrement un autre nombre naturel est appelé un diviseur de ce nombre.

Exemple : 4 est un diviseur de 28, car il divise entièrement le nombre 28.

On peut dresser la liste des diviseurs de n'importe quel nombre naturel.

Exemple : La liste des diviseurs de 12 est : **1, 2, 3, 4, 6** et **12**.

Le nombre 1 est un diviseur de tous les nombres naturels.

Dans ma vie

Connaître les diviseurs d'un nombre peut aider à partager également des objets.

Et toi, comment procèdes-tu pour partager également des objets ?

25 Codes secrets

Situation-problème

Un digicode

L'étude des nombres permet d'élaborer des codes secrets. En se fondant sur certains attributs des nombres, on peut établir des liens entre eux et, ainsi, inventer des codes secrets.

a) Voici une porte à la serrure particulière. Pour l'ouvrir, au lieu d'utiliser une clé, il faut taper un code numérique sur un clavier. Un tel code s'appelle un digicode.

Observe le clavier ci-dessous et explique comment les nombres sont disposés.

b) Les nombres naturels ont certains **attributs.** Par exemple, ils sont soit **pairs,** soit **impairs.**

  1) Parmi les nombres du clavier, combien sont pairs ?

  2) Combien sont impairs ?

  3) Explique comment tu as dénombré les nombres pairs et les nombres impairs.

c) Aïcha décide de former un code numérique permettant d'ouvrir la porte. Parmi les nombres du clavier, lesquels choisira-t-elle si elle retient seulement

  1) les nombres qui ont **un nombre impair de diviseurs** ?
     Combien de nombres y aura-t-il dans ce cas ?

  2) les nombres qui ont **exactement deux diviseurs** ?
     Combien de nombres y aura-t-il dans ce cas ?

Activité 1 • Les écrans géants

Le tableau ci-dessous montre comment on peut trouver les diviseurs d'un nombre naturel.

Nombres	Arrangements rectangulaires possibles	Diviseurs
1	1 □ 1	1
2	1 □□ 2	1 et 2
3	1 □□□ 3	1 et 3
4	1 □□□□ (4) 2 (2)	1, 2 et 4
5	1 □□□□□ 5	1 et 5
6	1 □□□□□□ (6) 2 (3)	1, 2, 3 et 6
7	1 □□□□□□□ 7	1 et 7
8	1 □□□□□□□□ (8) 2 (4)	1, 2, 4 et 8
9	1 □□□□□□□□□ (9) 3 (3)	1, 3 et 9
10	1 □□□□□□□□□□ (10) 2 (5)	1, 2, 5 et 10
11	1 □□□□□□□□□□□ 11	1 et 11
12	1 (12) 2 (6) 3 (4)	1, 2, 3, 4, 6 et 12

Samuel imagine que les carrés-unités représentent de petits écrans. Avec ces petits écrans, il forme des arrangements rectangulaires ou carrés afin d'obtenir des écrans géants.

a) Avec quels nombres de petits écrans Samuel peut-il faire un écran géant de forme carrée ?

Sur la grille ci-dessous, Samuel a colorié les nombres pour lesquels il a réussi à faire des arrangements carrés.

1	2	3	4	5	6	7	8	9	10
11	12	13	14	15	16	17	18	19	20
21	22	23	24	25	26	27	28	29	30
31	32	33	34	35	36	37	38	39	40
41	42	43	44	45	46	47	48	49	50

Le nombre 9 est un nombre carré, car on peut disposer neuf objets sous la forme d'un arrangement carré.

b) Comment reconnaît-on un arrangement carré d'objets ?

c) Complète la grille de nombres qu'on te remet en coloriant tous les autres nombres carrés.

d) En tout, combien de nombres carrés y a-t-il dans la grille ? As-tu trouvé les mêmes que tes camarades ?

Je m'exerce

Sur la grille de nombres qu'on te remet, colorie tous les nombres carrés.

Pour t'aider, utilise des jetons pour faire des arrangements carrés.

Activité 2 • Les nombres premiers

Samuel a relevé des nombres avec lesquels on peut uniquement faire **un seul arrangement rectangulaire** (sans être un arrangement carré).

Nombres	Arrangements rectangulaires possibles	Diviseurs
1	1 ☐ 1	1
2	1 ☐☐ 2	1 et 2
3	1 ☐☐☐ 3	1 et 3
4	1 ☐☐☐☐ 4 2 ☐☐ 2	1, 2 et 4
5	1 ☐☐☐☐☐ 5	1 et 5
6	1 ☐☐☐☐☐☐ 6 2 ☐ 3	1, 2, 3 et 6
7	1 ☐☐☐☐☐☐☐ 7	1 et 7
8	1 ☐☐☐☐☐☐☐☐ 8 2 ☐ 4	1, 2, 4 et 8
9	1 ☐☐☐☐☐☐☐☐☐ 9 3 ☐ 3	1, 3 et 9
10	1 ☐☐☐☐☐☐☐☐☐☐ 10 2 ☐ 5	1, 2, 5 et 10
11	1 ☐☐☐☐☐☐☐☐☐☐☐ 11	1 et 11
12	1 ☐☐☐☐☐☐☐☐☐☐☐☐ 12 2 ☐ 6 3 ☐ 4	1, 2, 3, 4, 6 et 12

Relevons maintenant le 5.

Samuel remarque que ces nombres ont **exactement deux diviseurs.**
Pour se souvenir de ces nombres, il les a coloriés sur la grille ci-dessous.

1	2	3	4	5	6	7	8	9	10
11	12	13	14	15	16	17	18	19	20
21	22	23	24	25	26	27	28	29	30
31	32	33	34	35	36	37	38	39	40
41	42	43	44	45	46	47	48	49	50

Un nombre naturel qui a seulement
deux diviseurs différents est appelé un nombre
premier.

Exemple : 5 est un nombre premier, car il a
exactement deux diviseurs : 1 et 5.

a) Complète la grille de nombres qu'on te remet en coloriant tous
les autres nombres premiers.

b) En tout, combien de nombres premiers y a-t-il dans la grille ?
As-tu trouvé les mêmes nombres que ceux de tes camarades ?

Je m'exerce

Sur la grille de nombres
qu'on te remet, colorie
tous les nombres premiers.

Pour t'aider, utilise des jetons pour faire
des arrangements rectangulaires.

1 Vers l'an 200 av. J.-C., Ératosthène a inventé une méthode pour découvrir certains nombres particuliers.

- Écris tous les nombres naturels de 1 à 50.
- Trace un ✗ sur le nombre 1.
- Encercle le nombre 2 et trace un ✗ sur tous ses multiples.
- Encercle le nombre 3 et trace un ✗ sur tous ses multiples.
- Encercle le nombre 5 et trace un ✗ sur tous ses multiples.
- Encercle le nombre 7 et trace un ✗ sur tous ses multiples.
- Encercle tous les nombres sur lesquels tu n'as pas tracé un ✗.

Quel attribut les nombres encerclés ont-ils ?
Comment nomme-t-on ces nombres ?

2 **a)** Parmi les nombres 1, 3, 5, 7, 9, 11, 12, 13, 15 et 17, un seul **n'est pas** un **nombre impair.** Lequel ?

b) Parmi les nombres 0, 2, 4, 6, 8, 10, 16, 18, 25 et 30, un seul **n'est pas** un **nombre pair.** Lequel ?

c) Parmi les nombres 1, 4, 8, 16, 25, 36, 49, 64 et 81, un seul **n'est pas** un nombre carré. Lequel ?

d) Parmi les nombres 2, 3, 5, 7, 9, 11, 13, 17, 19 et 23, un seul **n'est pas** un nombre premier. Lequel ?

3 Voici une grille de nombres naturels.

7	16	0	11	5	27	91	33	42	67
79	41	8	23	49	2	64	9	73	1
20	29	4	36	61	21	81	3	25	32

Parmi ces nombres, lesquels sont

a) des nombres pairs ?

c) des nombres premiers ?

b) des nombres impairs ?

d) des nombres carrés ?

4 Voici une suite de figures.

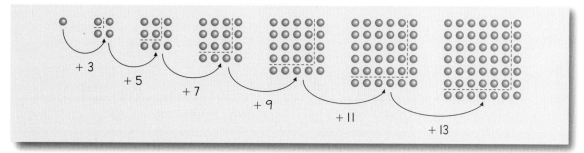

a) Combien de points faut-il ajouter à la dernière figure pour former la figure suivante ?

b) Écris la suite de nombres correspondant au nombre de points que l'on trouve sur chacune des figures.

c) Quel nom donne-t-on aux nombres composant la suite que tu as écrite en **b)** ?

5 Pour former une chaîne de dominos, les moitiés de dominos qui se touchent doivent avoir le même nombre de points.

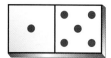 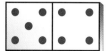 

Voici cinq dominos différents.

  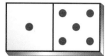  

Choisis-en quatre et dessine, sur une feuille, une chaîne de dominos qui répond, dans l'ordre, à chacun des attributs suivants.

Domino avec deux
nombres impairs

Domino avec deux
nombres pairs

  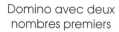

Domino avec deux
nombres carrés

Domino avec deux
nombres premiers

6 La droite numérique ci-dessous représente les nombres naturels. Les bonds des flèches débutent à 0.

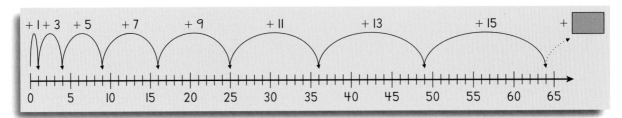

a) Quels nombres naturels les flèches indiquent-elles ?

b) Quelle sera la longueur du bond de la prochaine flèche ?

c) Quel nombre naturel la prochaine flèche indiquera-t-elle ?

d) Comment nomme-t-on l'ensemble des nombres naturels indiqués par les flèches ? Explique pourquoi on leur donne ce nom.

Je suis capable

Parmi les nombres naturels de 1 à 100, il y a 25 nombres premiers.

a) Indique ces nombres sur la grille qu'on te remet.

b) Associe la lettre A au plus petit de ces nombres, la lettre B au nombre suivant, et ainsi de suite jusqu'à la lettre Y.

c) Décode le message secret ci-dessous en remplaçant les nombres premiers par les lettres correspondantes.

1	2	3	4	5	6	7	8	9	10
11	12	13	14	15	16	17	18	19	20
21	22	23	24	25	26	27	28	29	30
31	32	33	34	35	36	37	38	39	40
41	42	43	44	45	46	47	48	49	50
51	52	53	54	55	56	57	58	59	60
61	62	63	64	65	66	67	68	69	70
71	72	73	74	75	76	77	78	79	80
81	82	83	84	85	86	87	88	89	90
91	92	93	94	95	96	97	98	99	100

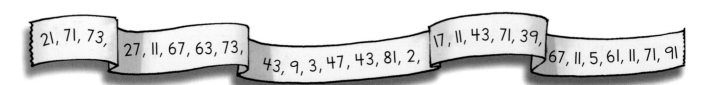

21, 71, 73, 27, 11, 67, 63, 73, 43, 9, 3, 47, 43, 81, 2, 17, 11, 43, 71, 39, 67, 11, 5, 61, 11, 71, 91

Clic

Les nombres carrés et les nombres premiers

Lorsqu'on peut disposer un nombre d'objets identiques sous la forme d'un arrangement carré, le nombre d'objets utilisés est appelé un nombre carré.

Exemple : 16 est un nombre carré, car on peut disposer 16 objets sous la forme d'un arrangement carré.

Un nombre naturel qui a **exactement deux diviseurs** est appelé un nombre premier.

Exemple : 7 est un nombre premier, car il a exactement deux diviseurs : 1 et 7.

Dans la grille des nombres naturels ci-contre, les nombres premiers sont en vert et les nombres carrés, en rouge.

1	2	3	4	5	6	7	8	9	10
11	12	13	14	15	16	17	18	19	20
21	22	23	24	25	26	27	28	29	30
31	32	33	34	35	36	37	38	39	40
41	42	43	44	45	46	47	48	49	50
51	52	53	54	55	56	57	58	59	60
61	62	63	64	65	66	67	68	69	70
71	72	73	74	75	76	77	78	79	80
81	82	83	84	85	86	87	88	89	90
91	92	93	94	95	96	97	98	99	100

Dans ma vie

Certains attributs des nombres naturels sont très utiles.

Par exemple, dans certaines salles de spectacle, il y a des sections de sièges portant des numéros pairs et d'autres, des numéros impairs.

Connais-tu d'autres situations où les nombres pairs et impairs aident à se repérer ?

Situation-problème **Tulipes et marguerites**

Pour fêter l'anniversaire de leur mère, Xavier et Catherine veulent lui offrir un bouquet de fleurs. Le fleuriste leur propose les bouquets ci-dessous.

a) Quel est le prix d'une tulipe ? Quel est le prix d'une marguerite ?

b) Dessine un bouquet de tulipes et de marguerites qui coûte 25 $. Peut-on faire d'autres bouquets de tulipes et de marguerites coûtant 25 $? Explique ta réponse.

1 Bruno a construit l'enclos ci-dessous pour ses chiots.

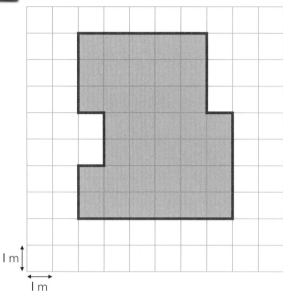

a) Quelle est la longueur de la clôture nécessaire pour entourer cet enclos ?

b) En utilisant la même longueur de clôture, dessine trois autres enclos différents.

c) Parmi tous ces enclos, lequel utiliserais-tu ? Explique ta réponse.

2 **a)** À différents moments de la journée, Christine a observé l'heure sur son horloge à affichage numérique.

Représente chacune de ces heures sur un cadran à aiguilles.

b) Pour sa part, Joey a observé l'heure sur son horloge à aiguilles.

Matin	Après-midi	Soir

Représente chacune de ces heures sur un cadran à affichage numérique.

3 Huguette place sa collection de 36 clochettes dans des étagères en bois de manière que chaque tablette contienne le même nombre de clochettes. Voici une première étagère rectangulaire pouvant contenir sa collection.

Dessine toutes les étagères rectangulaires possibles pouvant contenir 36 clochettes.

4 René et ses camarades ont collecté des livres afin de les envoyer dans des écoles défavorisées.

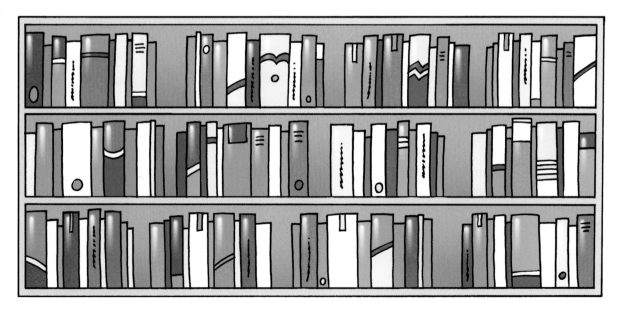

Trouve trois façons différentes de dénombrer ces livres.

5 Observe les solides ci-dessous.

a)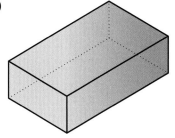

e)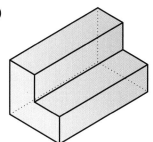

i)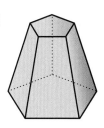

b)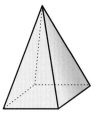

f)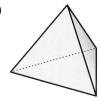

j)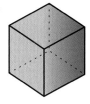

c)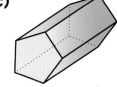

g)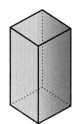

k)

d)

h)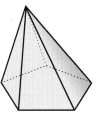

l)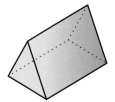

Lesquels ont le même nombre

a) de faces ?　　　　**b)** de sommets ?　　　　**c)** d'arêtes ?

6 **a)** Un boulier contient 3 boules noires, 2 boules rouges et 1 boule bleue.

1) Si l'on tire une boule au hasard à 50 reprises, quelle couleur sera tirée le plus souvent ?

Fais une prédiction.

2) Fais l'expérience 50 fois. Représente les résultats à l'aide d'un diagramme à bandes.

3) La prédiction que tu as faite en **1)** était-elle juste ?

b) On ajoute ensuite dans le boulier 1 boule noire, 2 boules rouges et 3 boules bleues.

1) Si l'on tire une boule au hasard à 50 reprises quelle couleur sera tirée le plus souvent ?

Ta prédiction est-elle la même que celle que tu as faite en **a)** ?

2) On enlève deux boules du boulier pour qu'il soit **plus probable** de tirer au hasard une boule noire.

De quelles couleurs pourraient être les boules qu'on enlève ?

3) On enlève une boule du boulier pour qu'il soit **moins probable** de tirer au hasard une boule noire. De quelle couleur pourrait être la boule qu'on enlève ?

Mme Séguin vend de petits et de grands sacs de pommes de terre. Tous les petits sacs ont la même masse et tous les grands sacs ont également la même masse.

En t'aidant des deux pesées ci-dessous, détermine combien pèse chaque grand sac.

27 Tableaux et diagrammes

Situation-problème

Sondage par Internet

Sur un site du réseau Internet, un sondage demande aux gens de répondre à la question suivante.

Quel animal aimeriez-vous être ?

En consultant les résultats, Laura obtient trois diagrammes.

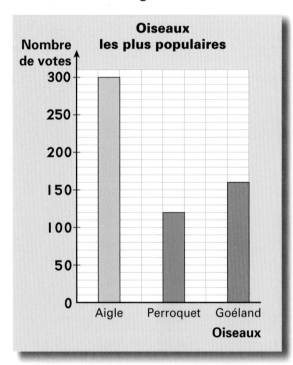

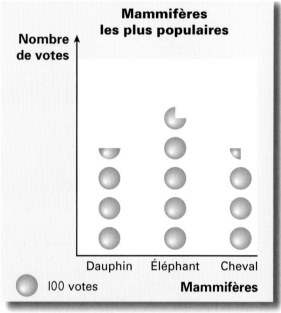

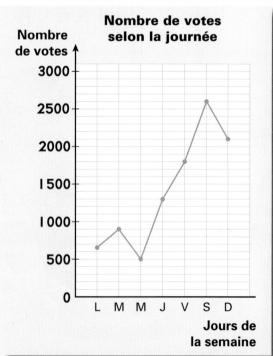

Quelles informations peut-on obtenir en observant ces trois diagrammes ?

Discutes-en avec tes camarades.

0	1	2	3	4	5	6	7	8	9
10	11	12	13	14	15	16	17	18	19
20	21	22	23	24	25	26	27	28	29
30	31	32	33	34	35	36	37	38	39
40	41	42	43	44	45	46	47	48	49
50	51	52	53	54	55	56	57	58	59
60	61	62	63	64	65	66	67	68	69
70	71	72	73	74	75	76	77	78	79
80	81	82	83	84	85	86	87	88	89
90	91	92	93	94	95	96	97	98	99

I Pour répondre aux questions **a)** et **b)**, utilise la grille de nombres ci-contre.

a) Complète le premier diagramme à bandes qu'on te remet.

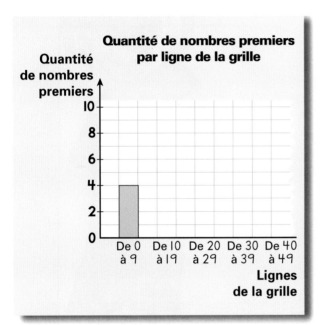

1) Y a-t-il la même quantité de **nombres premiers** sur chaque ligne de la grille ?

Explique ta réponse à l'aide du diagramme.

2) À l'aide du diagramme, peut-on prévoir quelle sera la quantité de **nombres premiers** sur la prochaine ligne de la grille ?

Explique ta réponse.

b) Complète le second diagramme à bandes qu'on te remet.

Qu'arrive-t-il à la quantité de **multiples** au fur et à mesure que les nombres augmentent ?

Explique ta réponse.

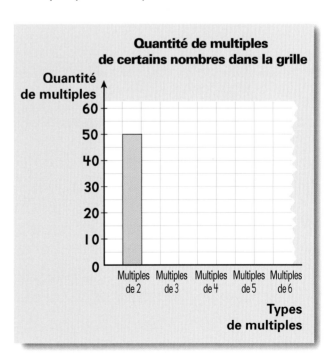

2 Charles a utilisé un programme informatique pour illustrer l'évolution de sa taille depuis sa naissance.

Observe le diagramme à ligne brisée ci-dessous.

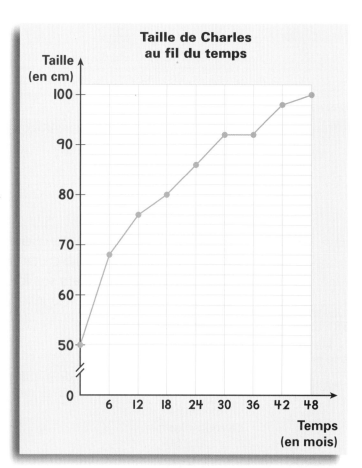

a) Dans quelle période de six mois Charles a-t-il le plus grandi ? De combien de centimètres a-t-il grandi pendant cette période ?

b) Y a-t-il eu une période de six mois pendant laquelle Charles n'a pas grandi ? Si oui, laquelle ?

c) Estime où pourraient se situer les deux prochains points de la ligne brisée.

3 Voici les développements de quatre solides.

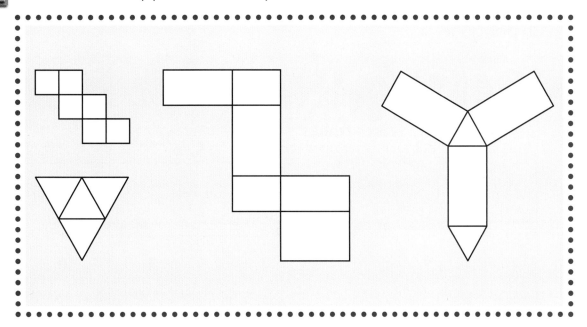

 Remplis le tableau qu'on te remet en y indiquant pour chaque solide le nombre de ses faces, de ses arêtes et de ses sommets, ainsi que son nom.

4 Alice pense que l'on trouve souvent un 0 dans les numéros de téléphone. Pour vérifier si elle a raison, choisis au hasard une colonne dans l'annuaire téléphonique et suis les consignes suivantes.

 a) Observe les quatre derniers chiffres des numéros de téléphone et remplis le tableau qu'on te remet.

Nombre de zéros à la position des unités	Nombre de zéros à la position des dizaines	Nombre de zéros à la position des centaines	Nombre de zéros à la position des milliers

b) Construis un diagramme à bandes indiquant le nombre de zéros que l'on trouve à chaque position.

c) Selon toi, Alice a-t-elle raison? Explique ta réponse.

5 Dans une revue, Laurence a vu la publicité ci-dessous. Elle constate qu'il y a 10 figures de couleurs différentes représentant chacune un polygone.

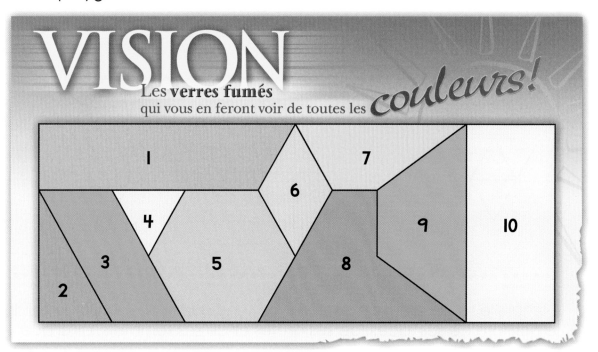

 En observant les 10 figures numérotées dans cette publicité, remplis le tableau qu'on te remet.

Polygones représentés	// Côtés parallèles (Oui ou non)	⊥ Côtés perpendiculaires (Oui ou non)	∠ Nombre d'angles aigus	⟍ Nombre d'angles obtus	⊥ Nombre d'angles droits
1					
2					
3					
4					
5					
6					
7					
8					
9					
10					

6 Voici différents polygones.

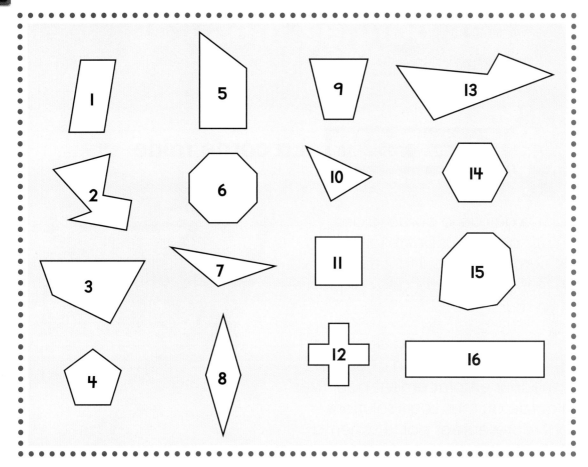

a) Parmi ces polygones, trouve

1) un parallélogramme ;   **3)** un rectangle ;   **5)** un carré.

2) deux trapèzes ;   **4)** un losange ;

b) Remplis le tableau qu'on te remet en y écrivant le numéro des polygones qui répondent à chacun des attributs indiqués.

Attributs	Numéros des polygones
Au moins deux côtés parallèles.	
Au moins deux côtés isométriques.	
Polygone convexe.	
Cinq côtés et plus.	
Tous les côtés isométriques.	
Deux côtés isométriques ayant un sommet commun.	

Les bonnes mesures

Situation-problème **La corde raide**

Voici le défi de la corde raide :
en utilisant la plus petite longueur
de corde possible, il faut former
un triangle en reliant deux piquets
et un mur.

Zoé, Léo, Luc et Emma décident
de relever le défi et de chercher
le meilleur emplacement pour fixer
la corde au mur. Leurs solutions
sont représentées par le schéma
ci-dessous.

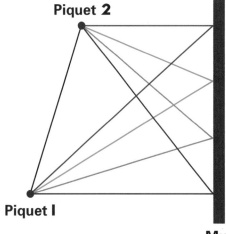

Piquet **2**

Solution proposée par Zoé.

Solution proposée par Léo.

Solution proposée par Luc.

Solution proposée par Emma.

Piquet **1**

Mur

a) Selon toi, comment devrait-on procéder pour trouver
la meilleure solution ?

b) Parmi les quatre solutions proposées, laquelle permet d'utiliser
la plus petite longueur de corde ? Explique ta réponse.

1 Les polygones ci-dessous représentent des monuments célèbres.
Selon le cas, trouve le périmètre ou la mesure du côté.

a) Le Parthénon d'Athènes (Grèce)

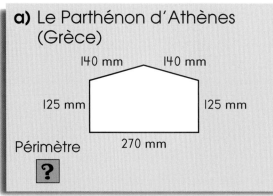

140 mm   140 mm
125 mm   125 mm
Périmètre   270 mm
?

c) La tour de Pise (Italie)

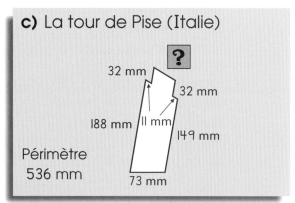

?
32 mm
32 mm
188 mm   11 mm
149 mm
Périmètre
536 mm
73 mm

b) Notre-Dame de Paris (France)

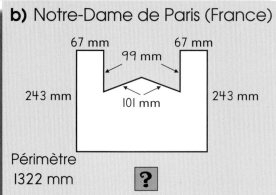

67 mm   67 mm
99 mm
243 mm   243 mm
101 mm
Périmètre
1322 mm   **?**

d) La mosquée bleue d'Istanbul (Turquie)

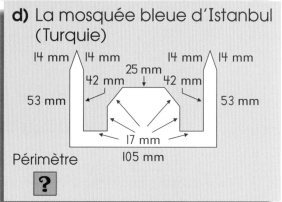

14 mm 14 mm   14 mm 14 mm
25 mm
42 mm   42 mm
53 mm   53 mm
17 mm
Périmètre   105 mm
?

2 Dans chacun des polygones ci-dessous, les côtés sont isométriques.
Selon le cas, trouve le périmètre ou la mesure du côté.

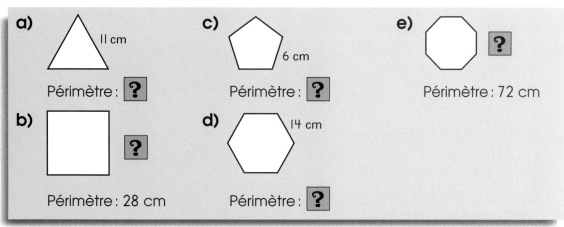

a) 11 cm
Périmètre : **?**

c) 6 cm
Périmètre : **?**

e) **?**
Périmètre : 72 cm

b) **?**
Périmètre : 28 cm

d) 14 cm
Périmètre : **?**

3 Une équipe d'archéologues fait des fouilles sur un site rectangulaire qui mesure 24 mètres de longueur sur 15 mètres de largeur.

Pour estimer la quantité d'objets qu'on trouvera sur le site, on a fouillé une surface rectangulaire de 6 mètres de longueur sur 3 mètres de largeur.

On y a trouvé 8 pièces de monnaie datant de la Nouvelle-France.

En se basant sur cette découverte, combien peut-on espérer trouver de pièces sur l'ensemble du site ?

Explique ta réponse.

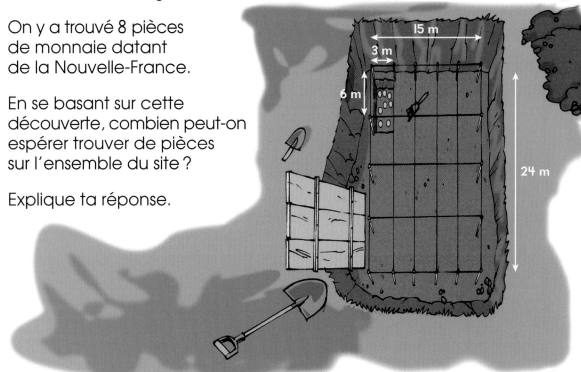

4 En utilisant des pailles de 25 cm de longueur comme arêtes, Simon a construit des squelettes de prismes et de pyramides. Remplis le tableau qu'on te remet.

Nom du solide	Nombre de pailles utilisées	Longueur totale des pailles utilisées
Pyramide à base triangulaire		
Pyramide à base carrée		
Pyramide à base pentagonale		
Prisme à base triangulaire		
Cube		
Prisme à base pentagonale		
Prisme à base hexagonale		

5 Au Québec, des élections se tiennent environ tous les quatre ans. Combien de mois s'écoule-t-il entre deux élections ?

6 À quelle date correspond le centième jour de l'année ? Explique ta démarche.

7 Pour la Journée mondiale de la paix, Éloïse décore la classe.

a) Elle sépare une bande de tissu de 92 cm de longueur en 4 parties équivalentes.

1) Comment peut-elle procéder sans mesurer ?

2) Quelle est la longueur de chacune des parties ?

b) Éloïse trace des formes identiques sur des cartons rectangulaires. Quelle fraction du grand rectangle les formes vertes représentent-elles dans chacun des cas ?

1)
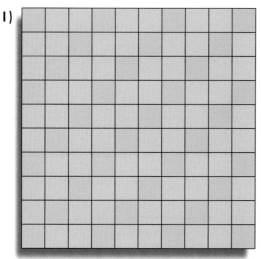

3)
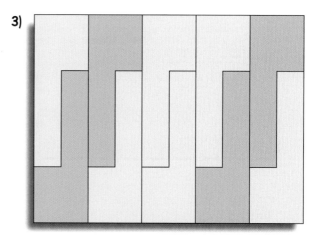

2)
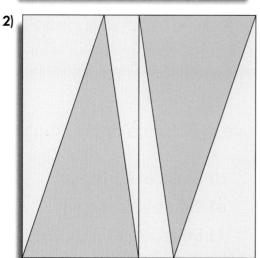

4)
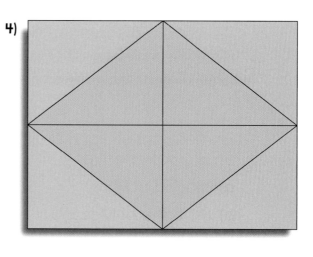

8 En utilisant la carte de l'Europe ci-dessous, estime la distance entre les villes.

Voici comment procéder.

- Mesure au centimètre près la distance entre deux villes.
- La carte a été conçue de manière que 1 cm corresponde à 400 km dans la réalité.

En mesurant en ligne droite, trouve la distance approximative en kilomètres entre

a) Madrid et Paris ;

b) Lisbonne et Moscou ;

c) Athènes et Dublin ;

d) Berlin et Budapest ;

e) Oslo et Stockholm ;

f) Belgrade et Bruxelles.

9 Trois camarades veulent mesurer une ligne sans utiliser de règle. Pour cela, ils disposent de crayons, de gommes à effacer et de trombones identiques. Voici comment chaque personne a procédé.

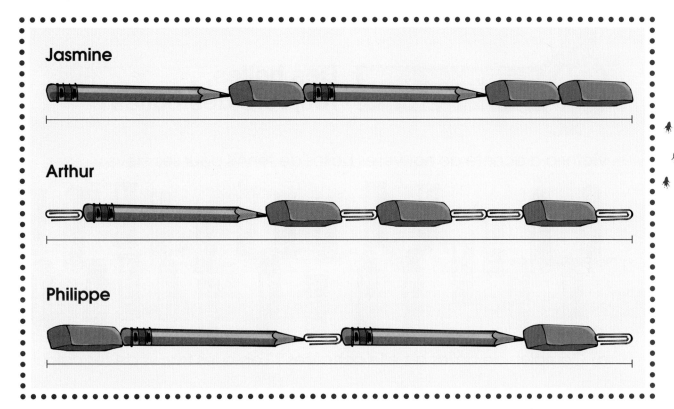

Jasmine

Arthur

Philippe

Avec ces trois mesures, tu as assez d'information pour savoir à combien de trombones correspond la longueur de la ligne. Donne la réponse et explique ta démarche.

10 Avec les 36 figures identiques ci-contre, Luce forme des arrangements rectangulaires ou carrés en ne laissant aucun espace entre les figures.

a) Combien d'arrangements différents peut-elle former ?

b) Décris l'arrangement associé au quadrilatère ayant le plus petit périmètre.

Situation-problème

Des balles,
toujours des balles !

Victoria a acheté de nouvelles balles de tennis pour ses élèves.

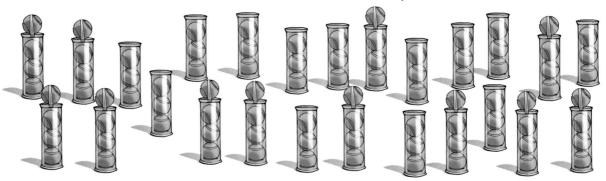

a) Combien de balles a-t-elle achetées ? Laisse les traces de tes calculs.

b) Si les nouvelles balles sont distribuées également entre trois élèves, combien chaque personne en recevra-t-elle ?

c) Si chaque paquet de trois balles coûte 5 $ et chaque paquet de quatre balles, 6 $, combien d'argent Victoria a-t-elle dépensé au total ? Laisse les traces de tes calculs.

1 Sophie a pris la photographie ci-dessous du haut de la tour Eiffel.

a) Comment pourrait-elle compter efficacement le nombre de personnes présentes sur la photographie ?

b) Selon toi, combien de personnes y a-t-il ?

2 Le 9 mai, les économies de M. Duguay s'élèvent à 348 $.

Pour pouvoir payer son billet d'avion, qui coûte 500 $, il souhaite épargner une partie des paies qu'il recevra les 16, 23 et 30 mai.

Quelles sommes d'argent peut-il épargner sur chacune de ses paies ?
Trouve trois réponses différentes.

MAI

Dimanche	Lundi	Mardi	Mercredi	Jeudi	Vendredi	Samedi
			1	2	3	4
5	6	7	8	9 348 $	10	11
12	13	14	15	16	17	18
19	20	21	22	23	24	25
26	27	28	29	30	31	

3 Xavier dispose de 100 $ pour réaménager sa chambre.
Dans une vente-débarras, il trouve plusieurs objets qui l'intéressent.

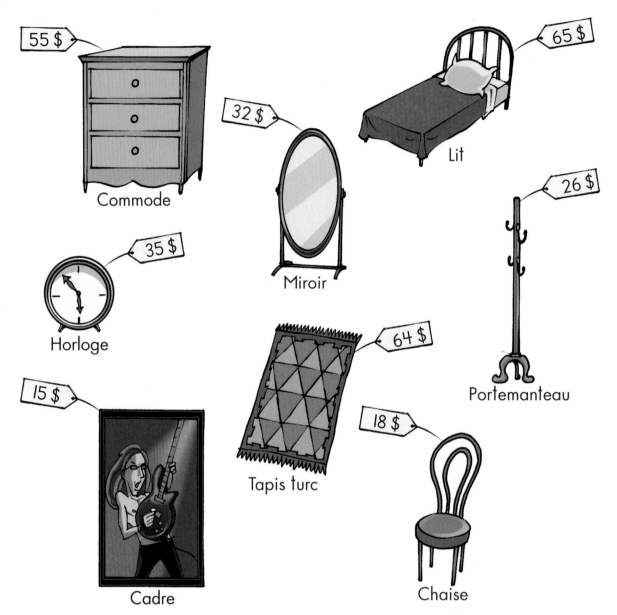

55 $ — Commode

65 $ — Lit

32 $ — Miroir

26 $ — Portemanteau

35 $ — Horloge

64 $ — Tapis turc

15 $ — Cadre

18 $ — Chaise

a) Parmi tous ces objets, lesquels Xavier pourrait-il acheter ?

Donne trois possibilités différentes et calcule la somme d'argent qu'il lui resterait.

b) Xavier a-t-il assez d'argent pour acheter le portemanteau, le tapis turc et le cadre ?

c) A-t-il assez d'argent pour acheter quatre objets ? Si oui, lesquels ? Sinon, explique pourquoi.

4 Afin de ranger sa collection de coquillages, Élodie a fabriqué un meuble en recyclant de petites boîtes en plastique.

Elle a disposé les boîtes de façon rectangulaire.

a) Compte le nombre de compartiments du meuble en utilisant

   1) une **addition** ;

   2) une **multiplication.**

b) Si Élodie plaçait 6 petites boîtes par rangée, combien de rangées faudrait-il pour former une disposition rectangulaire avec l'ensemble des boîtes ?

c) Trouve deux autres façons de former une disposition rectangulaire avec l'ensemble des boîtes.

5 Jocelyne aimerait offrir un cadeau à son conjoint pour son anniversaire. Dans son portefeuille, elle a 6 pièces de 1 $, 8 pièces de 2 $, 9 billets de 5 $ et 2 billets de 10 $. Elle hésite entre les trois cadeaux ci-dessous.

Balles de golf

87 $ **Bague**

Livre

THRILANDE 52 $

65 $

a) Quel cadeau peut-elle se permettre d'acheter ?

b) Pour chacun des cadeaux, précise la somme qu'il lui manquerait pour l'acheter ou la somme qu'il lui resterait si elle l'achetait.

6 Dans la classe de Francis, une sortie est organisée pour assister au prochain match de soccer des Guépards.

Dans le tableau ci-dessous, Francis a représenté le nombre de billets à acheter et leur prix respectif.

Nombre de billets	Prix du billet
10	7 $
8	10 $
5	12 $
4	15 $

Quel sera le coût de l'ensemble des billets ?

7 Voici les économies d'Annie.

a) Elle désire les utiliser pour acheter un cadeau de même valeur à chacune de ses quatre sœurs. Quelle somme Annie doit-elle consacrer à l'achat de chacun des cadeaux ?

b) Combien de cadeaux d'une valeur de 8 $ pourrait-elle acheter ?

8 Mme Tremblay veut faire poser des dalles sur sa terrasse.

Chaque dalle brune coûte 8 $ et chaque dalle blanche coûte 6 $.

Voici les six plans qu'on lui propose.

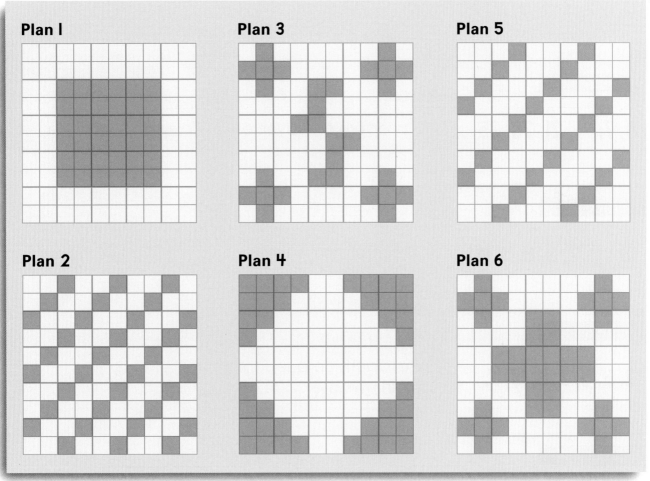

Plan 1

Plan 3

Plan 5

Plan 2

Plan 4

Plan 6

a) Sans faire de calculs, détermine le plan qui coûterait le plus cher à réaliser.

b) Fais quelques calculs et trouve le ou les plans qui coûteraient le plus cher.

c) Mme Tremblay a un budget de 750 $ pour aménager sa terrasse. Dans chacun des cas, détermine la somme qu'il lui resterait.

d) En utilisant la grille qu'on te remet, propose à Mme Tremblay un autre plan qui entraînerait une dépense de 750 $.

Je fais le point 4

Nombres
0, 1, 2, 3, 4, 5, ...

J'ai appris ce qu'est un nombre naturel.

Nombres
0, 7, 14, 21, 28, 35, ...

J'ai appris à trouver les multiples d'un nombre.

Nombres
18 : {1, 2, 3, 6, 9, 18}

J'ai appris à trouver les diviseurs d'un nombre.

Nombres
2, 3, 5, 7, 11, 13, ...

J'ai appris ce que sont un nombre premier et un nombre carré.

Géométrie

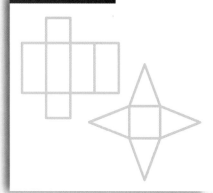

J'ai appris à reconnaître le développement d'un prisme et celui d'une pyramide.

Le savais-tu ?

Les solides de Platon

Platon (v. 428-348 av. J.-C.) est un des plus grands philosophes de tous les temps, mais c'est également un mathématicien important. Selon lui, l'arithmétique et la géométrie sont liées aux mystères du monde. Il a ainsi établi un lien entre cinq éléments et cinq solides qui ont des attributs particuliers. Aujourd'hui encore, on appelle ces solides les *solides de Platon*.

Tétraèdre	Hexaèdre (cube)	Octaèdre	Dodécaèdre	Icosaèdre
Feu	Terre	Air	Univers	Eau

 En te référant aux solides de Platon, remplis le tableau qu'on te remet.

Nom du solide	Nombre de sommets	Nombre de faces	Somme du nombre de sommets et du nombre de faces	Nombre d'arêtes
Tétraèdre				
Hexaèdre (cube)				
Octaèdre				
Dodécaèdre				
Icosaèdre				

Observe les nombres que tu as écrits dans les deux dernières colonnes. Que remarques-tu ?

Expliquer l'inexplicable

On doit au mathématicien Christian Goldbach (1690-1764) les deux affirmations suivantes.

- « Tout nombre naturel pair supérieur ou égal à 4 est la somme de deux nombres premiers. »

- « Tout nombre naturel impair supérieur ou égal à 9 est la somme de trois nombres premiers. »

Depuis, personne n'a pu démontrer s'il avait tort ou raison. Pourtant, jusqu'à présent, il ne semble pas s'être trompé !

À l'aide des deux affirmations de Goldbach, remplis le tableau qu'on te remet. Tu peux utiliser plusieurs fois le même nombre premier.

Tout nombre naturel pair supérieur ou égal à 4 est la somme de deux nombres premiers.	Tout nombre naturel impair supérieur ou égal à 9 est la somme de trois nombres premiers.
4 = ☐ + ☐	9 = ☐ + ☐ + ☐
6 = ☐ + ☐	11 = ☐ + ☐ + ☐
8 = ☐ + ☐	13 = ☐ + ☐ + ☐
10 = ☐ + ☐	15 = ☐ + ☐ + ☐
12 = ☐ + ☐	17 = ☐ + ☐ + ☐
14 = ☐ + ☐	25 = ☐ + ☐ + ☐
20 = ☐ + ☐	37 = ☐ + ☐ + ☐
36 = ☐ + ☐	45 = ☐ + ☐ + ☐
50 = ☐ + ☐	51 = ☐ + ☐ + ☐
100 = ☐ + ☐	99 = ☐ + ☐ + ☐

Le hasard ne date pas d'hier

Déjà à l'époque de l'Égypte ancienne, les gens jouaient à des jeux de hasard, mais sans dés. À la place, ils se servaient de quatre bâtonnets de bois qui avaient chacun un côté clair et un côté foncé. Après avoir lancé les quatre bâtonnets, on attribuait les points selon le nombre de faces claires obtenues.

Pour simuler des lancers :

- prends quatre bâtonnets à café et colorie l'une de leurs faces en utilisant une couleur foncée ;

- laisse tomber les quatre bâtonnets par terre ;

- compte le nombre de faces claires et détermine le nombre de points attribués.

Voici quelques possibilités.

 Pour associer un nombre de points à un résultat, il faut considérer que certains résultats arrivent plus souvent que d'autres. Remplis le tableau qu'on te remet en y indiquant le nombre de points attribués (de 1 à 5) en fonction du nombre de faces claires obtenues.

Nombre de faces claires obtenues	Nombre de points attribués
0	
1	
2	
3	
4	

Ce que je connais

Les nombres

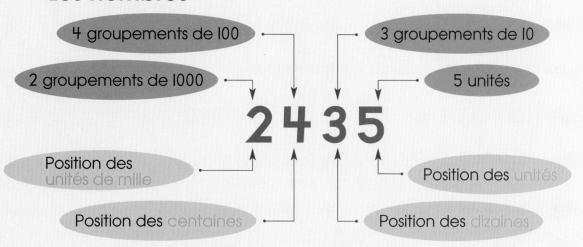

La valeur de chaque chiffre dépend de sa position dans le nombre.

Une fraction est une partie d'un tout. Un demi $\left(\frac{1}{2}\right)$ et un quart $\left(\frac{1}{4}\right)$ sont deux fractions.

Les opérations

Voici les quatre opérations de base sur des nombres :
l'addition (+), la soustraction (−), la multiplication (×) et la division (÷).

La géométrie

Voici quelques polygones convexes.

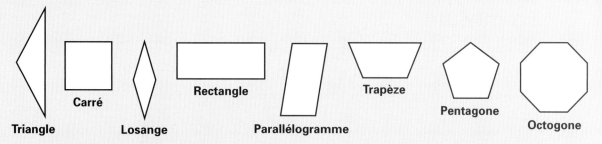

Voici un angle aigu.   Voici un angle droit.   Voici un angle obtus.

Voici deux lignes parallèles.

Voici deux lignes perpendiculaires.

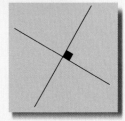

Voici quelques solides.

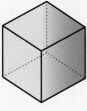

Cube

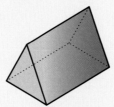

Prisme à base triangulaire

Cylindre

Cône

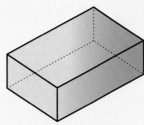

Prisme à base rectangulaire

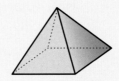

Pyramide à base carrée

Boule

La mesure

Je peux mesurer des longueurs en mètres (m), en décimètres (dm), en centimètres (cm) et en millimètres (mm).